하루 4쪽 40일, 한 권으로 끝내는

맛있는 초등 필수 영단어

김현정·안현진 지음

맛있는 books

저자

김현정

김현정 선생님은 어학 전문 출판사에서 10년 이상 각종 영어 교재를 기획·집필한 영어교육 전문가로, 사교육에 휘둘리지 않고 엄마표 영어 교육을 이어 나갈 수 있는 대안이 될 만한 교재들을 지속해서 연구하고 집필 중이다. 저서로는 『기적의 영어문장 쓰기』가 있고, 기획 개발한 도서로는 『맛있는 초등 영어 파닉스』, 『맛있는 초등 영어 사이트 워드』 등이 있다.

안현진

안현진 선생님은 어학 전문 출판사에서 10년 이상 초등 영어 및 엄마표 영어 교재를 기획·편집해 온 영어교육 전문가이다. 아이 영어의 시작은 엄마표 영어가 가장 좋은 선택이라는 신념이 있다. 기획 개발한 도서로 『백 점 맞는 교과서 초등 영단어』, 『엄마표 생활영어 표현사전』, 『세상에서 제일 쉬운 엄마표 생활영어』 등이 있다.

맛있는 초등 필수 영단어

초판 1쇄 발행   2024년 1월 2일
초판 2쇄 발행   2024년 12월 30일

지은이   김현정 | 안현진
발행인   김효정
발행처   맛있는books
등록번호   제2006-000273호

주소   서울시 서초구 명달로 54 JRC빌딩 7층
전화   구입문의 02·567·3861 | 02·567·3837
            내용문의 02·567·3860
팩스   02·567·2471
홈페이지   www.booksJRC.com

ISBN   979-11-6148-075-6 63740
정가   15,800원

ⓒ 맛있는books, 2024

제 품 명 : 일반 어린이도서
제조자명 : JRC에듀
판매자명 : 맛있는books
제 조 국 : 대한민국
전화번호 : 02-567-3860
주   소 : 서울시 서초구 명달로 54 JRC빌딩 7층
제조년월 : 판권에 별도 표기
사용연령 : 8세 이상
KC마크는 이 제품이 공통안전기준에 적합하였음을 의미합니다.

초등 영어의 자신감은 어휘력에서 나옵니다!

하루 15단어씩 40일이면 '초등 필수 영단어' 완성!

아직 영어가 낯설고 어려운가요? '인사', '가족', '동물', '음식' 등 주제별로 정리된 영단어를 하루에 딱 15개씩만 익혀 보세요. 초등 필수 영단어를 익히고 나면, 읽으면 해석이 되고 들으면 이해가 되는 영어 문장이 많아지기 때문에 영어에 대한 자신감이 한층 높아집니다. 주제별 핵심 영단어 600개에 주요 영단어 200개를 합친 총 800개의 초등 필수 영단어를 단 40일이면 마스터할 수 있어요.

2022 최신 개정 교육과정 신규 영단어 전격 수록!

2022 개정 교육과정에서 새롭게 다룬 단어들을 대폭 반영했어요. '듣기', '읽기', '말하기', '쓰기'라는 기존의 영역 분류 대신 이해(Reception)와 표현(Production)으로 분류하는 2022 개정 교육과정에 맞춰, 단어의 의미를 이미지화한 사진 자료를 통해 학습자의 효과적인 단어 이해를 돕고, 학습한 단어로 문장을 만들며 회화로 표현할 수 있도록 구성하였습니다. 또한 초등학생의 눈높이에 딱 맞는 다양하고 재미있는 액티비티를 통해 초등 필수 영단어를 효과적으로 익힐 수 있도록 했습니다.

초등 영어 공부는 매일 꾸준히 하는 습관이 중요!

초등 시기의 영어 공부에 있어 가장 중요한 것은 매일 꾸준히 영어를 공부하는 습관을 기르는 것입니다. 이 책은 매일 부담 없는 분량을 아이 혼자서도 학습할 수 있도록 쉽고 재미있게 구성되어 있어 자기주도학습을 연습하기에도 제격입니다. 매일 내 영어 실력이 향상되고 있다는 자신감과 40일 만에 한 권을 완주하는 성취감을 경험하면 아이는 다른 학습 및 도전에도 한층 자신감 넘치고 적극적인 태도로 임하게 될 것입니다. 초등학생 친구들의 즐거운 영어 학습을 응원합니다!

저자 김현정 · 안현진

이 책의 구성 및 특징

초등 필수 영단어를 5단계에 걸쳐
보고, 듣고, 읽고, 말하고, 따라 쓰며 재미있게 익혀 봐요!

Step 1 아는 단어 체크하기

단어의 뜻을 가리고 이미 알고 있는 단어가 얼마나 있는지 확인해 보세요.

Step 2 단어 듣고 따라 말하기

QR코드를 스캔해 원어민의 음성을 듣고 따라 말하면서 정확한 영어 발음을 익혀 보세요.

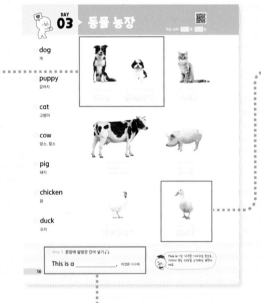

Step 3 사진 보며 단어 따라 쓰기

사진을 보면서 단어의 뜻을 확인하고 손으로 단어를 따라 써 보세요. 눈과 손을 함께 사용하면 암기 효과가 쑥 올라갑니다.

Step 4 사진 보며 단어 말하기

사진을 보면서 각 단어를 영어로 말해 보고, 단어를 말하기가 힘들다면 Step 2로 돌아가 반복 학습하세요.

□ Step 5 문장에 알맞은 단어 넣기 🎧

This is a _____. 이것은 여우야.

Step 5 문장에 알맞은 단어 넣기

빈칸에 알맞은 단어를 넣어 문장을 완성해 보세요. 배운 단어를 문장에 활용하면서 초등 필수 문장들을 익힐 수 있어요.

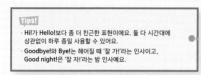

Tips!
- Hi!가 Hello!보다 좀 더 친근한 표현이에요. 둘 다 시간대에 상관없이 하루 종일 사용할 수 있어요.
- Goodbye!와 Bye!는 헤어질 때 '잘 가'라는 인사이고, Good night!은 '잘 자!'라는 밤 인사예요.

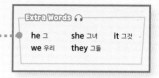

Tips!

단어의 뜻이나 쓰임 등에 관한 흥미로운 내용을 읽으며 단어에 대한 이해를 높여 보세요.

Extra Words

주제와 관련하여 교과서에 자주 나오는 단어들을 추가로 익혀 보세요.

Practice

단어 찾기, 단어 완성하기, 문장 완성하기 등 다양한 문제를 풀며 그날 배운 단어들을 익혀 보세요.

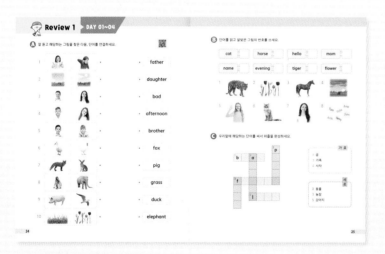

Review

4일 동안 학습한 단어를 통합적으로 복습해 보세요. 단어를 일정 기간 이후에 다시 학습하면 더 오래 기억할 수 있어요.

맛있는북스 홈페이지에 로그인한 후 다양한 자료를 다운받을 수 있어요.

✏️ **맛있는 쓰기 노트**   단어의 철자를 반복해서 쓰며 정확히 익혀 보세요.

🏠 **맛있는 단어 테스트**   자신의 단어 실력을 점검해 보세요.

🎧 **MP3 파일**   책의 음원을 한 번에 모두 확인하거나 다운받을 수 있어요.

☐ **hi**
안녕 (만날 때)

☐ **hello**
안녕 (만날 때)

☐ **bye**
잘 가, 안녕
(헤어질 때)

☐ **I**
나

☐ **you**
너

☐ **friend**
친구

☐ **meet**
만나다

☐ **name**
이름

Amy
Tom Kate
John
Aria Henry

☐ Step 5 문장에 알맞은 단어 넣기 🎧

Good _____! 안녕! (좋은 아침!)

 Good 뒤에 *morning/afternoon
/evening*을 넣으면 아침, 점심, 저녁
인사가 돼요.

☐ **morning**
아침

☐ **afternoon**
오후

☐ **evening**
저녁

☐ **night**
밤

☐ **good**
좋은

☐ **bad**
나쁜

☐ **fine**
좋은

Tips!

· Hi!가 Hello!보다 좀 더 친근한 표현이에요. 둘 다 시간대에 상관없이 하루 종일 사용할 수 있어요.
· Goodbye!와 Bye!는 헤어질 때 '잘 가!'라는 인사이고, Good night!은 '잘 자!'라는 밤 인사예요.

Extra Words 🎧

he 그	she 그녀	it 그것
we 우리	they 그들	

Practice

A 잘 듣고 알맞은 그림에 번호를 쓰세요.

B 그림에 알맞은 단어를 찾아 동그라미 하세요.

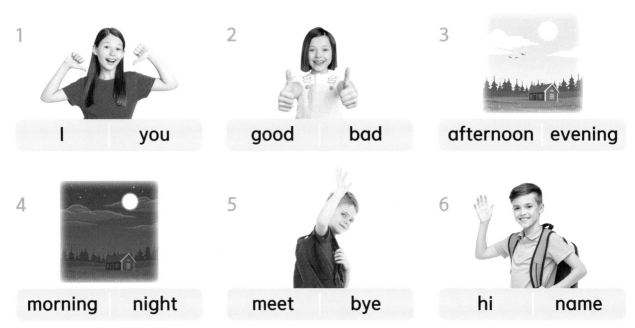

1   I   you

2   good   bad

3   afternoon   evening

4   morning   night

5   meet   bye

6   hi   name

C 알맞은 글자를 써서 단어를 완성하세요.

1   h _ ll _

2   n _ _ e

3   _ _ ne

4   fr _ _ nd

D 우리말에 해당하는 단어를 찾아 동그라미하고 빈칸에 쓰세요.

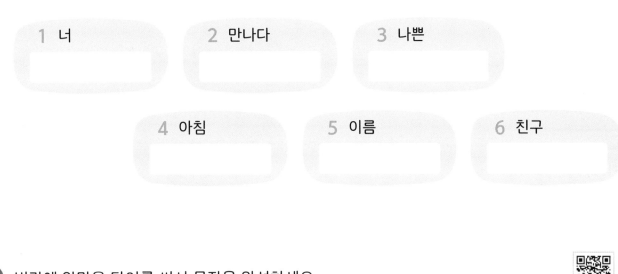

n a e b a d u y o m e e t i g o n a m e f r i y o u
m e t o b f r i e n d e s i m o r n i n g e o r

1 너	2 만나다	3 나쁜

4 아침	5 이름	6 친구

E 빈칸에 알맞은 단어를 써서 문장을 완성하세요.

Good 뒤에 morning, afternoon, evening 등을 넣어 시간대별 인사 표현을 만들어 보세요.

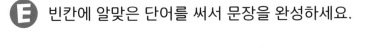

Good _____ ! 안녕! (좋은 ~!)

1 안녕! (아침 인사) → Good _____ !

2 잘 자! (밤 인사) → Good _____ !

3 안녕! (오후 인사) →

4 잘 가! (헤어질 때 인사) →

5 안녕! (저녁 인사) →

학습 날짜 　월 　일

☐ **family**
가족

☐ **mom**
엄마

☐ **mother**
어머니, 엄마

☐ **dad**
아빠

☐ **father**
아버지, 아빠

☐ **son**
아들

☐ **daughter**
딸

☐ Step 5 문장에 알맞은 단어 넣기 🎧

He is my ＿＿＿＿＿＿. 그는 나의 아빠야.

He is my ~는 '그는 나의 ~야'라는 뜻으로, 그가 나와 어떤 관계인지를 나타내는 표현이에요.

☐ **brother**

남자 형제
(형, 오빠, 남동생)

☐ **sister**

여자 형제
(언니, 누나, 여동생)

☐ **grandpa**

할아버지

☐ **grandma**

할머니

☐ **uncle**

삼촌, 고모부, 이모부

☐ **aunt**

이모, 고모, 숙모

☐ **my**

나의

☐ **your**

너의

 Tips!

- 일상생활에서 '아빠', '엄마'를 가리킬 때는 father, mother보다
  dad, mom을 자주 사용해요.
- grandpa, grandma는 각각 grandfather(할아버지),
  grandmother(할머니)의 줄임말로 더 친근한 표현이에요.

Extra Words 🎧

husband 남편　　wife 아내, 부인
cousin 사촌　　parents 부모
grandparents 조부모

Practice

A 잘 듣고 알맞은 그림에 번호를 쓰세요.

나

B 그림에 알맞은 단어를 찾아 동그라미 하세요.

1   dad   mom

2   son   daughter

3   sister   brother

4   aunt   uncle

5   grandma   grandpa

6   my   your

C 글자를 순서대로 써서 단어를 완성하세요.

1   a d d

2   o s n

3   l f i m y a

4   s t i s r e

D 각 단어를 해당하는 곳에 쓰세요.

sister   father   brother   aunt   mother   uncle

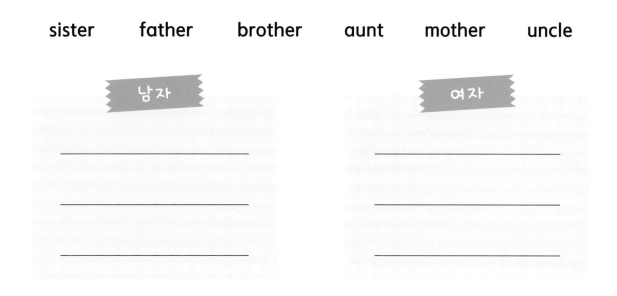

남자	여자
_____	_____
_____	_____
_____	_____

E 빈칸에 알맞은 단어를 써서 문장을 완성하세요.

he(그)는 남자를 가리키고,
she(그녀)는 여자를 가리켜요.
이 표현을 이용해 가족을
소개해 보세요.

He is my _____. 그는 나의 ~야.
She is my _____. 그녀는 나의 ~야.

1   그는 나의 형이야. → **He is my** _____.

2   그녀는 나의 엄마야. → **She is my** _____.

3   그는 나의 할아버지야. → He is my

4   그녀는 나의 할머니야. → She is my

5   그는 나의 삼촌이야. →

학습 날짜 ☐ 월 ☐ 일

☐ **dog**
개

☐ **puppy**
강아지

☐ **cat**
고양이

☐ **cow**
암소, 젖소

☐ **pig**
돼지

☐ **chicken**
닭

☐ **duck**
오리

☐ Step 5 문장에 알맞은 단어 넣기 🎧

This is a _____. 이것은 여우야.

This is ~는 '이것은 ~야'라는 뜻으로, 가까이 있는 대상을 소개하는 표현이에요.

☐ **horse**
말

☐ **fox**
여우

☐ **rabbit**
토끼

☐ **mouse**
쥐

☐ **tail**
꼬리

☐ **farm**
농장

☐ **this**
이것

☐ **that**
저것

Tips!

• this는 가까이 있는 것을, that은 멀리 있는 것을 가리켜요.
• this, that은 사람을 가리킬 때도 써요. this는 '이 사람, 이분',
that은 '저 사람, 저분'이라는 뜻이 돼요.

Extra Words 🎧

hen 암탉 　　frog 개구리 　　ant 개미
spider 거미 　　field 들판, 밭

17

Practice

A 잘 듣고 알맞은 그림에 번호를 쓰세요.

B 그림에 알맞은 단어를 찾아 동그라미 하세요.

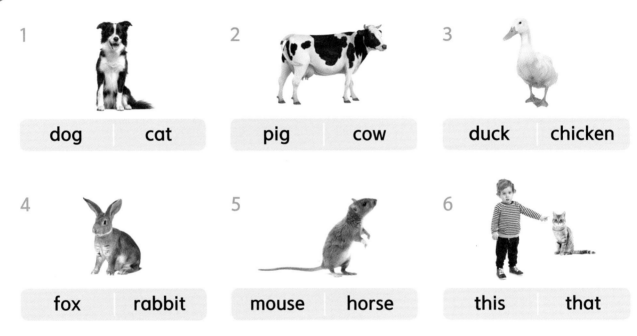

1

dog | cat

2

pig | cow

3

duck | chicken

4

fox | rabbit

5

mouse | horse

6

this | that

C 알맞은 글자를 써서 단어를 완성하세요.

1

 ar

2

p | pp

3

 at

4

t | l

18

D 우리말에 해당하는 단어를 찾아 동그라미하고 빈칸에 쓰세요.

p i f o x a p h o e o d o g e p o f a r m i r o s
c h i c k e n e q u e p i g a c h i h o r s e f o m

1 개

2 여우

3 돼지

4 말

5 농장

6 닭

E 빈칸에 알맞은 단어를 써서 문장을 완성하세요.

가까운 것은 this를, 멀리 있는 것은 that을 이용해서 무엇인지 말해 보세요.

This is a _____. 이것은 ~야.

That is a _____. 저것은 ~야.

1 이것은 고양이야. → This is a _____.

2 저것은 토끼야. → That is a _____.

3 이것은 젖소야. → This is a

4 저것은 말이야. → That is a

5 이것은 오리야. →

학습 날짜 ___ 월 ___ 일

☐ **tiger**
호랑이

☐ **elephant**
코끼리

☐ **lion**
사자

☐ **bear**
곰

☐ **monkey**
원숭이

☐ **animal**
동물

☐ **zoo**
동물원

☐ Step 5 문장에 알맞은 단어 넣기 🎧

A: **What's this?** 이건 뭐야?

B: **It's a** _____. 그건 호랑이야.

What's는 What is의 줄임말이고, It's는 It is의 줄임말이에요.

20

- [ ] **bird**
새

- [ ] **fly**
날다

- [ ] **bee**
벌

- [ ] **flower**
꽃

- [ ] **tree**
나무

- [ ] **grass**
잔디, 풀

- [ ] **rose**
장미

- [ ] **what**
무엇

Tips!
- a는 '하나의'라는 뜻으로 명사 앞에 붙여요. 명사의 첫소리가 모음일 때는 a 대신 an을 사용해요.
  <u>a</u> fox 여우 한 마리 <u>an</u> elephant 코끼리 한 마리
- elephant에서 ph는 [f]로 발음해요.

Extra Words 🎧
snake 뱀   giraffe 기린
zebra 얼룩말   wood 나무, 목재
grow 자라다

21

Practice

A 잘 듣고 알맞은 그림에 번호를 쓰세요.

B 그림에 알맞은 단어를 찾아 동그라미 하세요.

1
tiger   lion

2
bee   bear

3
monkey   elephant

4
zoo   bird

5
tree   flower

6
grass   animal

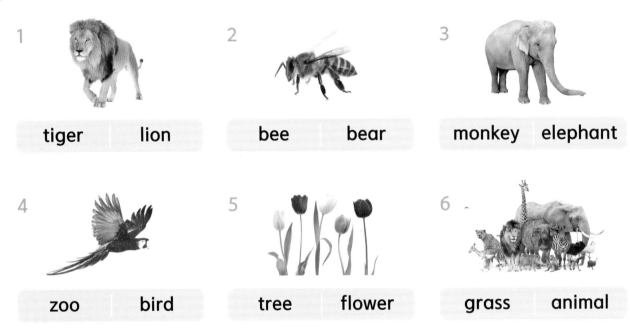

C 글자를 순서대로 써서 단어를 완성하세요.

1   2   3   4

o z o   l y f   g s a r s   t h a w

D 우리말에 해당하는 단어를 찾아 동그라미하고 빈칸에 쓰세요.

beatreegorbianimalakobirduc
froserocabeeumoutigerander

1 벌	2 호랑이	3 동물

4 새	5 장미	6 나무

E 빈칸에 알맞은 단어를 써서 문장을 완성하세요.

What's this?라고 묻는 질문에 It's a ~로 대답하는 연습을 해 보세요.

A: **What's this?** 이건 뭐야?

B: **It's a _____.** 그건 ~야.

1 그건 곰이야. → It's a _____.

2 그건 원숭이야. → It's a _____.

3 그건 코끼리야. → It's an

4 그건 사자야. → It's a

5 그건 장미야. →

23

A 잘 듣고 해당하는 그림을 찾은 다음, 단어를 연결하세요.

1   •   •   father

2   •   •   daughter

3   •   •   bad

4   •   •   afternoon

5   •   •   brother

6   •   •   fox

7   •   •   pig

8   •   •   grass

9   •   •   duck

10   •   •   elephant

B 단어를 읽고 알맞은 그림의 번호를 쓰세요.

cat | | horse | | hello | | mom | |

name | | evening | | tiger | | flower | |

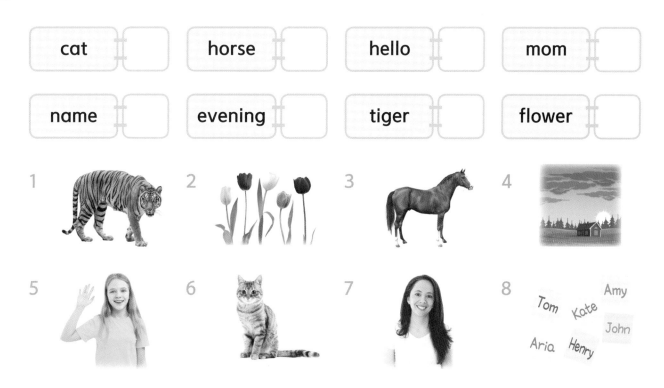

1
2
3
4
5
6
7
8

Tom Kate Amy John Aria Henry

C 우리말에 해당하는 단어를 써서 퍼즐을 완성하세요.

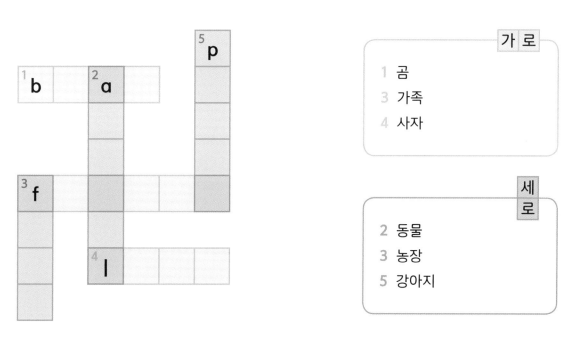

가 로

1 곰
3 가족
4 사자

세 로

2 동물
3 농장
5 강아지

잘 듣고 알맞은 단어를 써서 문장을 완성하세요.

1 Good _____ !

2  Good _____ !

3 He is my _____ .

4  She is my _____ .

5  This is a _____ .

6 That is a _____ .

7 A: What's this? B: It's a _____ .

8  A: What's this? B: It's a _____ .

영어	우리말		영어	우리말
I			dog	
friend				돼지
	이름		duck	
	만나다		mouse	
hi				꼬리
	잘 가, 안녕 (헤어질 때)			이것
fine			that	
	너			동물원
afternoon			fly	
	저녁			새
aunt			flower	
	할아버지			장미
daughter				나무
	나의		what	
your				잔디, 풀

27

☐ **bread**
빵

☐ **butter**
버터

☐ **cheese**
치즈

☐ **milk**
우유

☐ **soup**
수프

☐ **pizza**
피자

☐ **hamburger**
햄버거

☐ **ice cream**
아이스크림

☐ Step 5 문장에 알맞은 단어 넣기 🎧

I like _____. 나는 피자를 좋아해.

'난 ~를 좋아해, 난 ~가 좋아'라고
말할 때는 I like ~라고 해요.

rice

egg

meat steak fish

food like

☐ **rice**
쌀, 밥

☐ **egg**
계란

☐ **meat**
고기

☐ **steak**
스테이크

☐ **fish**
생선, 물고기

☐ **food**
음식

☐ **like**
좋아하다

Tips!
· butter는 [버터]가 아니라 [버러]에 가깝게 발음해요.
· pizza는 [피자]가 아니라 [피잩짜]에 가깝게 발음해요.

Extra Words 🎧
beef 소고기   doughnut 도넛
chocolate 초콜릿   biscuit 비스킷
spaghetti 스파게티

Practice

A 잘 듣고 알맞은 그림에 번호를 쓰세요.

B 그림에 알맞은 단어를 찾아 동그라미 하세요.

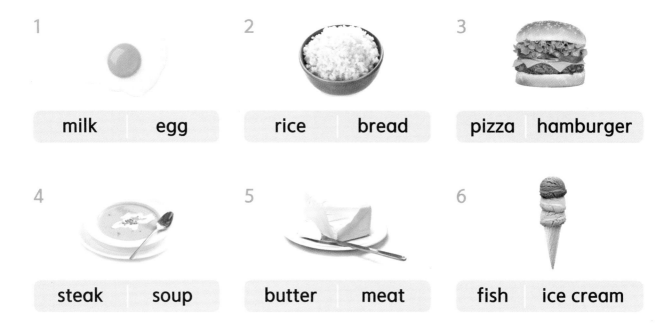

1
milk   egg

2
rice   bread

3
pizza   hamburger

4
steak   soup

5
butter   meat

6
fish   ice cream

C 알맞은 글자를 써서 단어를 완성하세요.

1
oo

2
ead

3
l   k

4
m   t

D 우리말에 해당하는 단어를 찾아 동그라미하고 빈칸에 쓰세요.

p i z a s r i c h e e s e a r s o u p a t e g g k
b u t t e r e t o r i c e p o h a m b u r g e r e

1 수프

2 쌀, 밥

3 계란

4 치즈

5 버터

6 햄버거

E 빈칸에 알맞은 단어를 써서 문장을 완성하세요.

I like 뒤에 다양한 음식 이름을 넣어 내가 좋아하는 음식을 말해 보세요.

I like _____. 나는 ~를 좋아해.

1 나는 빵을 좋아해. → I like _____ .

2 나는 피자를 좋아해. → I like _____ .

3 나는 우유를 좋아해. → I like

4 나는 스테이크를 좋아해. → I like

5 나는 생선을 좋아해. →

☐ **apple**
사과

☐ **grape**
포도

☐ **orange**
오렌지

☐ **banana**
바나나

☐ **tomato**
토마토

☐ **watermelon**
수박

☐ **strawberry**
딸기

☐ Step 5 문장에 알맞은 단어 넣기 🎧

I don't like _____.

'난 ~를 안 좋아해'는 I don't like ~
로 표현해요. don't는 do not의 줄임
말로 '~하지 않다'라는 뜻이에요.

나는 샐러드를 안 좋아해.

☐ **carrot**
당근

☐ **potato**
감자

☐ **salad**
샐러드

☐ **sandwich**
샌드위치

☐ **juice**
주스

☐ **jam**
잼

☐ **fruit**
과일

☐ **vegetable**
채소, 야채

Tips!
· 셀 수 있는 명사의 복수형은 -s나 -es를 붙여서 만들어요.
apple → apple<u>s</u> 사과들 tomato → tomato<u>es</u> 토마토들
· -y로 끝나는 명사의 복수형은 y를 i로 바꾸고 -es를 붙이기도 해요.
strawberr<u>y</u> → strawberr<u>ies</u> 딸기들

Extra Words 🎧

coffee 커피   tea 차   wine 와인
fresh 신선한   delicious 맛있는

Practice

A 잘 듣고 알맞은 그림에 번호를 쓰세요.

B 그림에 알맞은 단어를 찾아 동그라미 하세요.

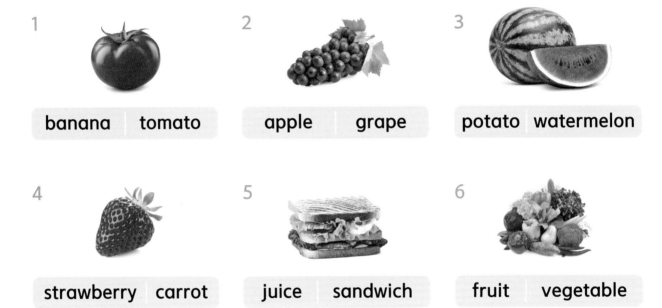

1	2	3
banana | tomato	apple | grape	potato | watermelon

4	5	6
strawberry | carrot	juice | sandwich	fruit | vegetable

C 글자를 순서대로 써서 단어를 완성하세요.

1	2	3	4

m a j   d a l a s   i t f r u   u j i c e

D 각 단어를 해당하는 곳에 쓰세요.

orange   carrot   apple   grape   potato

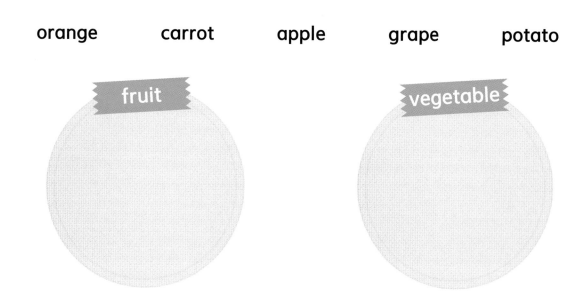

fruit   vegetable

E 빈칸에 알맞은 단어를 써서 문장을 완성하세요.

like 뒤에 셀 수 있는 명사가 올 때는 복수형으로 써요. tomato, watermelon 등을 모두 복수형 으로 넣어서 말해 보세요.

I don't like _____. 나는 ~를 안 좋아해.

1 나는 토마토를 안 좋아해. → I don't like _____.

2 나는 수박을 안 좋아해. → I don't like _____.

3 나는 딸기를 안 좋아해. → I don't like _____

4 나는 샌드위치를 안 좋아해. → I don't like _____

5 나는 채소를 안 좋아해. → _____

DAY 07 기분과 감정

학습 날짜 ▢월 ▢일

- ☐ **happy**
  행복한

- ☐ **smile**
  미소 짓다, 웃다

- ☐ **sad**
  슬픈

- ☐ **cry**
  울다

- ☐ **glad**
  기쁜

- ☐ **angry**
  화난

- ☐ **bored**
  지루한

- ☐ **excited**
  신이 난, 흥분한

☐ Step 5 문장에 알맞은 단어 넣기 🎧

I am _____. 나는 행복해.

I am ~은 '나는 ~야', '나는 ~해'라는 뜻이에요. I am을 줄여서 I'm이라고 할 때가 많아요.

36

funny

worried

☐ **funny**
웃기는, 재미있는

☐ **worried**
걱정하는

sorry

afraid

lucky

☐ **sorry**
미안한

☐ **afraid**
무서워하는

☐ **lucky**
운이 좋은

surprised

feel

☐ **surprised**
놀란

☐ **feel**
느끼다

Tips!

• 내 기분을 말할 때 I am ~ 대신 I feel ~을 써도 돼요.
　I feel happy. 나는 행복해.
• fun은 '재미', '재미있는'이라는 뜻이고, funny는 '웃기는',
　'(웃겨서) 재미있는'이라는 뜻이에요.

Extra Words 🎧

mad 미친, 몹시 화난　　**lonely** 외로운
scared 무서워하는　　**upset** 속상한
nervous 불안해하는

37

Practice

A 잘 듣고 알맞은 그림에 번호를 쓰세요.

B 그림에 알맞은 단어를 찾아 동그라미 하세요.

1
happy   sad

2
smile   cry

3
bored   excited

4
angry   glad

5
funny   lucky

6
surprised   worried

C 알맞은 글자를 써서 단어를 완성하세요.

1
f □ □ □

2
l □ c y

3
a □ rai □

4
s □ prised

D 우리말에 해당하는 단어를 찾아 동그라미하고 빈칸에 쓰세요.

c r i g a f u n n y g l o c r y h a p i b o r e d a f
u m o b o s m i l e a r i s h a p p y o u n g l a d i

1 울다

2 행복한

3 웃기는

4 미소 짓다

5 지루한

6 기쁜

E 빈칸에 알맞은 단어를 써서 문장을 완성하세요.

I am ~ 뒤에 다양한 감정 표현을 넣어 내 기분을 말해 보세요.

I am _____. 나는 ~해.

1 나는 슬퍼. → I am _____.

2 나는 화가 나. → I am _____.

3 나는 미안해. → I am

4 나는 신이 나. → I am

5 나는 걱정돼. →

- [ ] **hungry**
  배고픈

- [ ] **tired**
  피곤한

- [ ] **sick**
  아픈

- [ ] **old**
  늙은, 오래된

- [ ] **young**
  어린, 젊은

- [ ] **tall**
  키가 큰

- [ ] **strong**
  강한

- [ ] **Step 5** 문장에 알맞은 단어 넣기 🎧

You are _____. 너는 용감해.

you는 '너'예요. '너는 ~해'라고 말할 때는 You are ~을 사용해요.

☐ **brave**
용감한

☐ **shy**
수줍은

☐ **kind**
친절한

☐ **lazy**
게으른

☐ **poor**
가난한

☐ **rich**
부유한

☐ **clever**
영리한, 똑똑한

☐ **foolish**
어리석은, 바보 같은

Tips!
- **old**는 사람이 '늙은'이라는 뜻도 있고, 물건이 '오래된, 낡은' 이라는 뜻도 있어요.
- **poor**는 '가난한' 외에 '불쌍한'이라는 뜻도 있어요.

Extra Words 🎧
weak 약한   **thirsty** 목마른
wise 현명한   **honest** 정직한
careful 조심하는, 주의 깊은

41

Practice

A 잘 듣고 알맞은 그림에 번호를 쓰세요.

B 그림에 알맞은 단어를 찾아 동그라미 하세요.

1

tall | brave

2

young | old

3

strong | tired

4

poor | rich

5

clever | foolish

6

lazy | hungry

C 글자를 순서대로 써서 단어를 완성하세요.

1 h s y

2 c i k s

3 h u g r n y

4 d e t r i

D 뜻이 반대되는 단어를 찾아서 쓰세요.

old   rich   clever   poor   foolish   young

_____ ↔ _____

_____ ↔ _____

_____ ↔ _____

E 빈칸에 알맞은 단어를 써서 문장을 완성하세요.

You are ~(너는 ~해)을 써서 상대방의 상태나 성격을 말해 보세요.

You are _____. 너는 ~해.

1 너는 키가 커.   →   You are   .

2 너는 힘이 세.   →   You are   .

3 너는 게을러.   →

4 너는 용감해.   →

5 너는 친절해.   →

Review 2 > DAY 05~08

A 잘 듣고 해당하는 그림을 찾은 다음, 단어를 연결하세요.

1   •   •   carrot

2   •   •   bread

3   •   •   apple

4   •   •   sandwich

5   •   •   strawberry

6   •   •   angry

7   •   •   juice

8   •   •   sad

9   •   •   rich

10   •   •   clever

B 단어를 읽고 알맞은 그림의 번호를 쓰세요.

| milk | | fish | | rice | | potato | |
| grape | | excited | | cry | | afraid | |

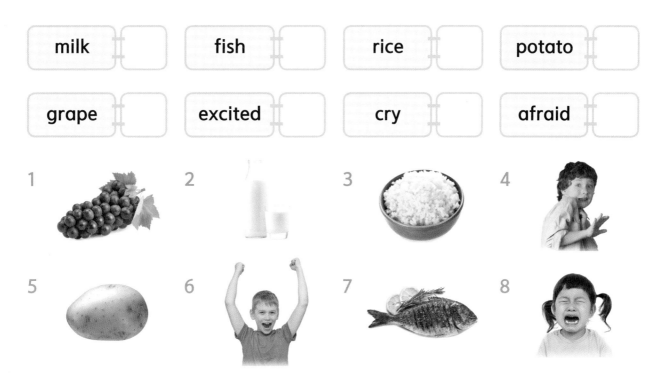

1
2
3
4

5
6
7
8

C 우리말에 해당하는 단어를 써서 퍼즐을 완성하세요.

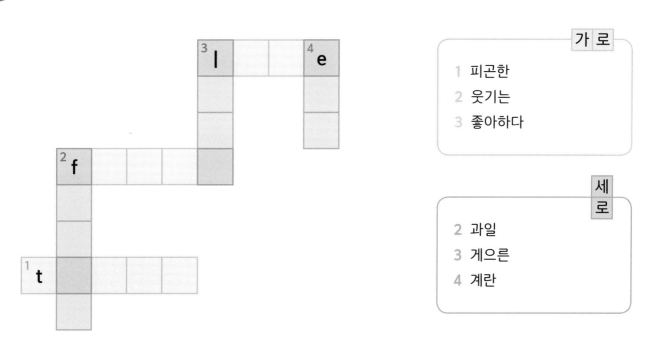

가 로

1 피곤한
2 웃기는
3 좋아하다

세 로

2 과일
3 게으른
4 계란

잘 듣고 알맞은 단어를 써서 문장을 완성하세요.

1  I like _____ .

2  I like _____ .

3  I don't like _____ .

4  I don't like _____ .

5  I am _____ .

6  I am _____ .

7  You are _____ .

8  You are _____ .

E 빈칸에 영어 단어 또는 우리말 뜻을 쓰세요.

영어	우리말		영어	우리말
	음식		worried	
soup				미소 짓다, 웃다
	빵		glad	
butter				느끼다
	치즈		surprised	
hamburger				운이 좋은
	고기		tall	
ice cream				늙은, 오래된
	잼		poor	
	사과			배고픈
orange			shy	
	바나나		sick	
watermelon				게으른
vegetable				어린, 젊은
	행복한		foolish	

☐ **T-shirt**
티셔츠

☐ **pants**
바지

☐ **skirt**
치마

☐ **dress**
원피스, 드레스

☐ **socks**
양말

☐ **shoes**
신발

☐ **belt**
허리띠, 벨트

☐ Step 5 문장에 알맞은 단어 넣기 🎧

He is wearing a _____.

48 그는 코트를 입고 있어.

 wear는 '입다'이고 is wearing은 '입고 있다'라는 뜻이에요.

☐ **coat**
코트

☐ **button**
단추

☐ **jacket**
재킷

☐ **pocket**
주머니

☐ **hat**
모자

☐ **cap**
(야구) 모자

☐ **clothes**
옷

☐ **wear**
입다, 착용하다

Tips!

· pants, socks, shoes는 두 개가 한 쌍을 이루기 때문에 보통 복수형으로 써요.

· hat은 모자 전체를 가리키고, cap은 보통 앞쪽에 챙이 달린 '야구 모자'를 가리켜요.

Extra Words 🎧

blouse 블라우스
sweater 스웨터
sneakers 운동화
jeans 청바지
boots 부츠, 장화

49

Practice

A 잘 듣고 알맞은 그림에 번호를 쓰세요.

B 그림에 알맞은 단어를 찾아 동그라미 하세요.

1   belt   socks

2   coat   jacket

3   button   pocket

4   shoes   clothes

5   dress   cap

6   skirt   T-shirt

C 알맞은 글자를 써서 단어를 완성하세요.

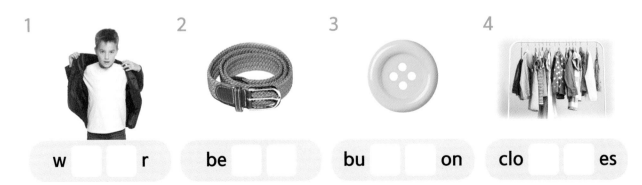

1   w [ ] r   2   be [ ]   3   bu [ ] on   4   clo [ ] es

D 각 단어를 해당하는 곳에 쓰세요.

pants   a dress   a hat   shoes   a T-shirt   a cap

She is wearing ~	She is not wearing ~
_____	_____
_____	_____
_____	_____

E 빈칸에 알맞은 단어를 써서 문장을 완성하세요.

shoes, socks는 두 개가
한 쌍이므로 a를 빼고 복수
형을 쓰는 것에 주의하세요.

He is wearing a _____.   그는 ~를 입고 있어.

She is wearing a _____.   그녀는 ~를 입고 있어.

1   그는 코트를 입고 있어. → He is wearing a _____ .

2   그녀는 치마를 입고 있어. → She is wearing a _____ .

3   그는 재킷을 입고 있어. → He is wearing a

4   그녀는 신발을 신고 있어. → She is wearing

5   그는 양말을 신고 있어. →

☐ **color**
색깔

color

☐ **red**
빨간색

☐ **yellow**
노란색

☐ **green**
초록색

red   yellow   green

☐ **blue**
파란색

☐ **pink**
분홍색

☐ **purple**
보라색

blue   pink   purple   gray

☐ **gray**
회색

☐ Step 5 문장에 알맞은 단어 넣기 🎧

A: **What color is it?** 그건 무슨 색이야?

B: **It's** _____. 그건 분홍색이야.

what color는 '무슨 색'이라는 뜻이
에요. What color is it?으로 색깔을
물으면 It's ~로 대답해요.

52

white

☐ **white**
흰색

black

☐ **black**
검은색

gold

☐ **gold**
금색

brown

☐ **brown**
갈색

circle

☐ **circle**
원, 동그라미

heart

☐ **heart**
가슴, 하트 (모양)

ribbon

☐ **ribbon**
리본

Tips!
· '보라색'은 purple 또는 violet이라고 해요. purple은 붉은빛이
  도는 보라색, violet은 푸른빛이 도는 보라색이에요.
· heart는 사람의 '심장'이나 '가슴', '마음'을 가리키며, '하트 모양'
  을 뜻하기도 해요.

Extra Words 🎧
shape 모양, 형태   **round** 둥근, 동그란
square 정사각형   **rectangle** 직사각형
triangle 삼각형

53

Practice

A 잘 듣고 알맞은 그림에 번호를 쓰세요.

B 그림에 알맞은 단어를 찾아 동그라미 하세요.

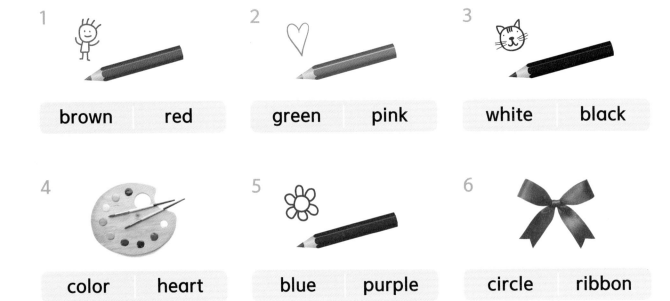

1

brown　　red

2

green　　pink

3

white　　black

4

color　　heart

5

blue　　purple

6

circle　　ribbon

C 글자를 순서대로 써서 단어를 완성하세요.

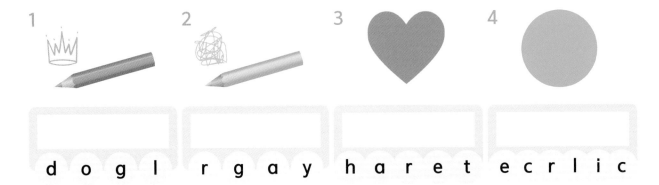

1

2

3

4

d o g l　　　r g a y　　　h a r e t　　　e c r l i c

54

D 아이들의 옷 색깔에 해당하는 단어를 쓰세요.

red   green   blue   purple   yellow   brown

_____   _____

_____   _____

_____   _____

E 빈칸에 알맞은 단어를 써서 문장을 완성하세요.

What color is it?으로 색깔을 묻고, It's ~로 대답하는 연습을 해 봐요.

A: **What color is it?**   그건 무슨 색이야?

B: **It's** _____.   그건 ~색이야.

1   그건 파란색이야.   →   It's _____ .

2   그건 검은색이야.   →   It's _____ .

3   그건 흰색이야.   →   It's

4   그건 분홍색이야.   →   It's

5   그건 회색이야.   →

☐ **body**
몸

☐ **head**
머리

☐ **face**
얼굴

☐ **neck**
목

☐ **arm**
팔

☐ **hand**
손

☐ **leg**
다리

☐ **foot**
발

☐ Step 5 문장에 알맞은 단어 넣기 🎧

Move your _____. 너의 머리를 움직여.

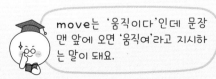

move는 '움직이다'인데 문장 맨 앞에 오면 '움직여'라고 지시하는 말이 돼요.

☐ **back**
등

back

point

☐ **finger**
손가락

☐ **point**
가리키다

move

touch

☐ **move**
움직이다

☐ **touch**
만지다

☐ **fat**
뚱뚱한

fat

bone

☐ **bone**
뼈

Tips!

· head는 '머리'이고, hair는 '머리카락'을 뜻해요.

· foot의 복수형은 feet예요.

· '엄지손가락'은 thumb이라고 해요.

Extra Words 🎧

toe 발가락   shoulder 어깨

blood 피   skin 피부

thin 마른

Practice

A 잘 듣고 알맞은 그림에 번호를 쓰세요.

B 그림에 알맞은 단어를 찾아 동그라미 하세요.

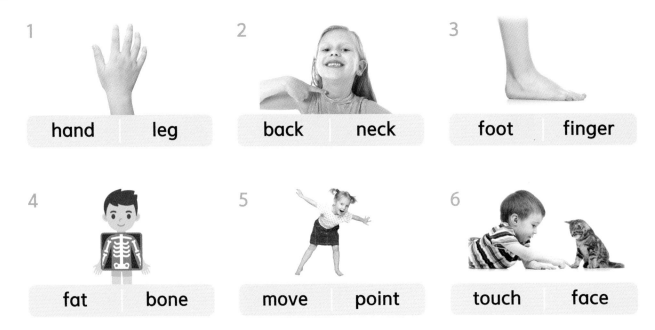

1   hand | leg

2   back | neck

3   foot | finger

4   fat | bone

5   move | point

6   touch | face

C 알맞은 글자를 써서 단어를 완성하세요.

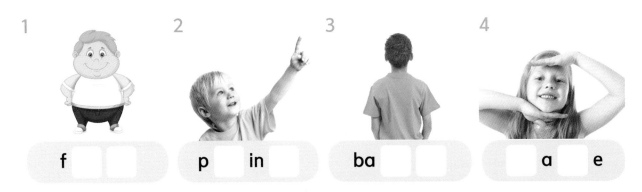

1   f ☐ ☐

2   p ☐ in

3   ba ☐ ☐

4   ☐ a ☐ e

D 각 신체 부위에 해당하는 단어를 쓰세요.

face

arm

foot

head

leg

hand

_____

_____

_____

_____

E 빈칸에 알맞은 단어를 써서 문장을 완성하세요.

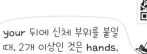

your 뒤에 신체 부위를 붙일 때, 2개 이상인 것은 hands, fingers, legs와 같이 복수형을 사용해요.

Move your _____. 너의 ~를 움직여.

1 너의 머리를 움직여. → Move your _____.

2 너의 몸을 움직여. → Move your _____.

3 너의 손을 움직여. → Move your

4 너의 손가락을 움직여. → Move your

5 너의 다리를 움직여. →

☐ **hair**
머리카락

☐ **eye**
눈

☐ **nose**
코

☐ **mouth**
입

☐ **ear**
귀

☐ **lip**
입술

☐ **tooth**
이, 이빨

☐ Step 5 문장에 알맞은 단어 넣기 🎧

I have long _____. 나는 머리가 길어.

I have ~는 '나는 ~를 가지고 있어'
라는 뜻으로, 내 몸의 특징을 말할
때도 사용해요.

~~pretty~~   ~~beautiful~~

☐ **pretty**
예쁜

☐ **beautiful**
아름다운

~~big~~   ~~small~~

☐ **big**
큰

☐ **small**
작은

~~long~~ ~~short~~

☐ **long**
긴

☐ **short**
짧은

~~ugly~~   ~~have~~

☐ **ugly**
못생긴

☐ **have**
가지고 있다

Tips!
- tooth의 복수형은 teeth예요.
- short는 '길이가 짧은' 외에 '키가 작은'이라는 뜻도 있어요.

Extra Words 🎧

cute 귀여운   handsome 잘생긴
cheek 볼, 뺨   chin 턱
image 이미지, 인상

61

Practice

A 잘 듣고 알맞은 그림에 번호를 쓰세요.

B 그림에 알맞은 단어를 찾아 동그라미 하세요.

1

eye | ear

2

big | small

3

lip | nose

4

mouth | hair

5

ugly | beautiful

6

long | short

C 글자를 순서대로 써서 단어를 완성하세요.

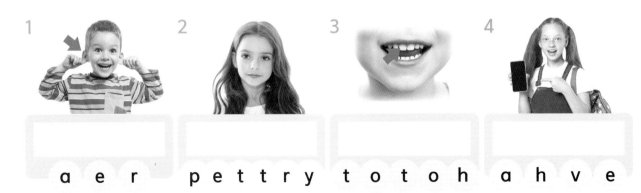

1   2   3   4

a e r   p e t t r y   t o t o h   a h v e

D 뜻이 반대되는 단어를 찾아서 쓰세요.

big   pretty   short   small   long   ugly

_____ ↔ _____

_____ ↔ _____

_____ ↔ _____

E 빈칸에 알맞은 단어를 써서 문장을 완성하세요.

I have와 big/small/long/short를 이용해 내 신체의 특징을 말해 봐요. 눈은 두 개니까 복수형 eyes를 써야 해요.

I have a long _____. 나는 ~가 길어.
I have a big _____. 나는 ~가 커.

1 나는 머리가 길어. → I have long _____.

2 나는 눈이 커. → I have big _____.

3 나는 입이 작아. → I have a small _____.

4 나는 코가 커. → I have a _____.

5 나는 머리가 짧아. → _____.

63

Review 3 ▸ DAY 09~12

A 잘 듣고 해당하는 그림을 찾은 다음, 단어를 연결하세요.

1 • • coat

2 • • brown

3 • • foot

4 • • white

5 • • shoes

6 • • ear

7 • • fat

8 • • hat

9 • • circle

10 • • short

64

B 단어를 읽고 알맞은 그림의 번호를 쓰세요.

pants ▯   red ▯   face ▯   eye ▯

big ▯   bone ▯   socks ▯   blue ▯

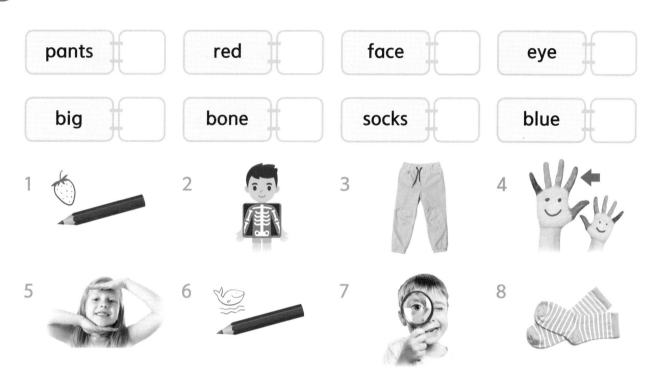

1   2   3   4

5   6   7   8

C 우리말에 해당하는 단어를 써서 퍼즐을 완성하세요.

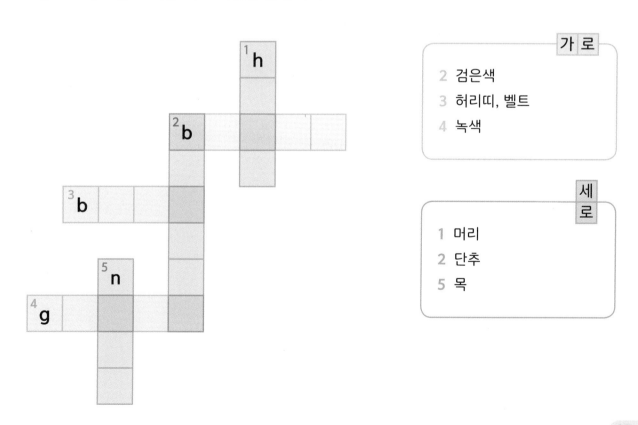

가 로

2 검은색
3 허리띠, 벨트
4 녹색

세 로

1 머리
2 단추
5 목

65

잘 듣고 알맞은 단어를 써서 문장을 완성하세요.

1  He is wearing a   .

2  She is wearing a   .

3  A: What color is it? B: It's   .

4  A: What color is it? B: It's   .

5  Move your   .

6   Move your   .

7  I have long   .

8  I have a big   .

E 빈칸에 영어 단어 또는 우리말 뜻을 쓰세요.

clothes		back	
	재킷		뚱뚱한
T-shirt			움직이다
	원피스, 드레스	point	
pocket			눈
	입다, 착용하다		입
	색깔	lip	
gray		tooth	
	금색		긴
purple			큰
ribbon		small	
	가슴, 하트 (모양)		예쁜
body		beautiful	
	팔	ugly	
finger			가지고 있다

67

☐ **house**
집

☐ **home**
집

☐ **bedroom**
침실

☐ **living room**
거실

☐ **kitchen**
부엌, 주방

☐ **bathroom**
화장실, 욕실

☐ **basement**
지하실

☐ **Step 5** 문장에 알맞은 단어 넣기 🎧

She is in the _____.

in은 '~ 안에'라는 뜻이에요. in the kitchen(부엌 안에)과 같이 장소를 말할 때 사용해요.

그녀는 부엌에 있어.

roof

garden

☐ **roof**
지붕

☐ **garden**
정원

☐ **bell**
종, 초인종

bell

gate enter

☐ **gate**
문, 대문

☐ **enter**
들어가다

☐ **fix**
수리하다

fix

clean help

☐ **clean**
청소하다

☐ **help**
돕다

Tips!
· house는 '집'이라는 건물을 의미하고, home은 '(가족이 함께 사는) 집, 가정'을 의미해요.
· 집에 있는 화장실은 bathroom, 공원이나 식당 등에 있는 공공 화장실은 restroom이라고 해요.

Extra Words 🎧

mail 우편물　　**address** 주소
space 공간　　**stay** 머물다
hold (손에) 쥐다, 잡다

69

Practice

A 잘 듣고 알맞은 그림에 번호를 쓰세요.

B 그림에 알맞은 단어를 찾아 동그라미 하세요.

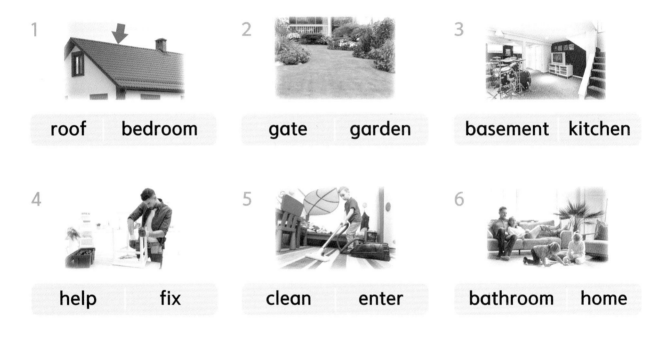

1   roof   bedroom

2   gate   garden

3   basement   kitchen

4   help   fix

5   clean   enter

6   bathroom   home

C 알맞은 글자를 써서 단어를 완성하세요.

1   h ☐ se

2   be ☐ ☐

3   ☐ ☐ ter

4   h ☐ l ☐

D 각 물건이 주로 있는 곳의 단어를 찾아서 쓰세요.

bathroom   bedroom   kitchen   living room   garden   gate

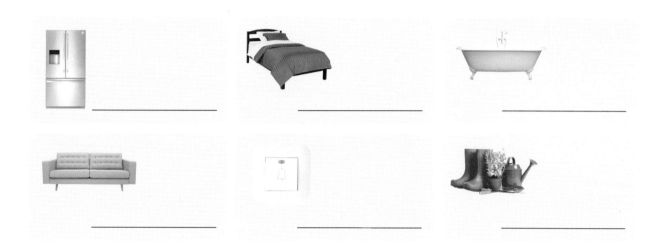

_____   _____   _____

_____   _____   _____

E 빈칸에 알맞은 단어를 써서 문장을 완성하세요.

She is in the _____. 그녀는 ~에 있어.

> 엄마가 어디에 있는지 묻고 대답해
> 보세요. **Where is Mom?**(엄마는
> 어디에 있어?)이라고 물어보면 돼요.

1   그녀는 화장실에 있어.   →   **She is in the**   .

2   그녀는 침실에 있어.   →   **She is in the**   .

3   그녀는 거실에 있어.   →   She is in the

4   그녀는 정원에 있어.   →   She is in the

5   그녀는 부엌에 있어.   →

71

☐ **room**
방

☐ **door**
문

☐ **window**
창문

☐ **curtain**
커튼

☐ **bed**
침대

☐ **lie**
눕다

☐ **cover**
덮다, 씌우다

☐ Step 5 문장에 알맞은 단어 넣기 🎧

Is that your _____?

저것은 너의 책상이야?

Is that your ~?는 멀리 있는 물건을 가리키며 상대방의 것인지 묻는 표현이에요.

✎ 이렇게 공부해요!

- ☐ Step 1 아는 단어 체크하기
- ☐ Step 2 단어 듣고 따라 말하기
- ☐ Step 3 사진 보며 단어 따라 쓰기
- ☐ Step 4 사진 보며 단어 말하기

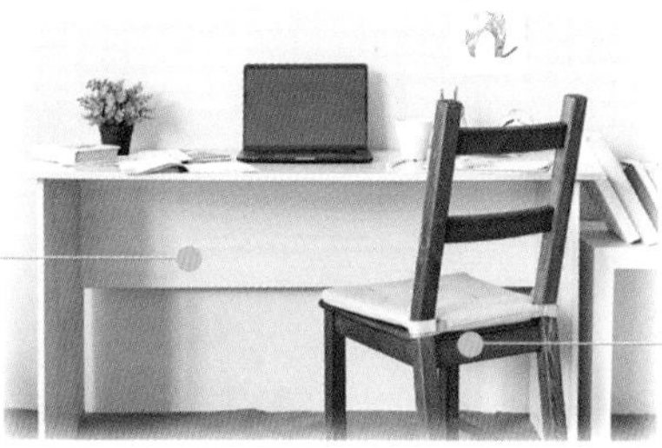

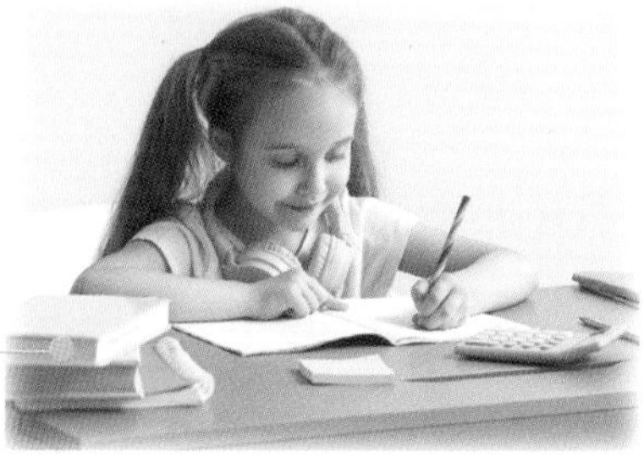

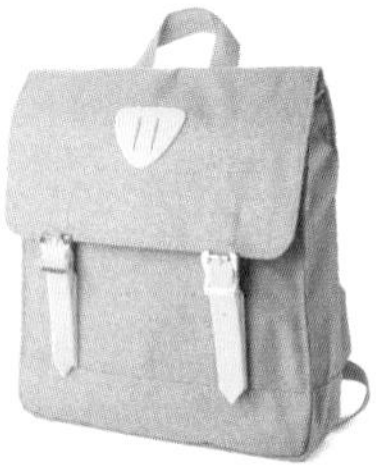

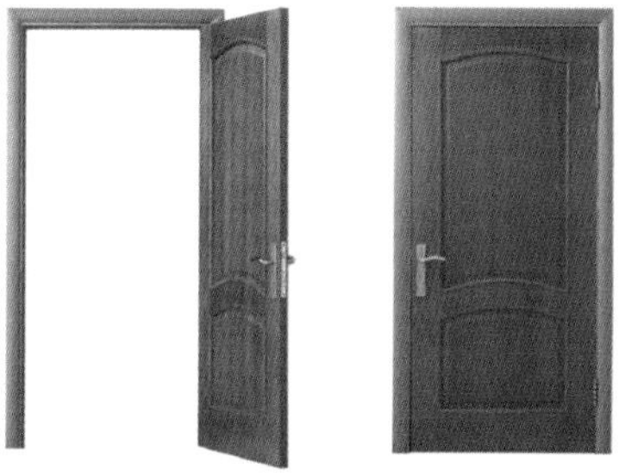

- ☐ **desk** 책상
- ☐ **chair** 의자
- ☐ **book** 책
- ☐ **study** 공부하다
- ☐ **bag** 가방
- ☐ **paper** 종이
- ☐ **open** 열다
- ☐ **close** 닫다

Tips!

- bedroom(침실)은 bed(침대)와 room(방)이 합쳐진 단어예요.
- lie는 '눕다' 외에 '거짓말하다'라는 뜻도 있어요.

Extra Words

pillow 베개
letter 편지
bookshelf 책장
blanket 담요
album 앨범

Practice

A 잘 듣고 알맞은 그림에 번호를 쓰세요.

B 그림에 알맞은 단어를 찾아 동그라미 하세요.

1

open　｜　close

2

door　｜　window

3

chair　｜　curtain

4

study　｜　cover

5

paper　｜　bed

6

lie　｜　bag

C 글자를 순서대로 써서 단어를 완성하세요.

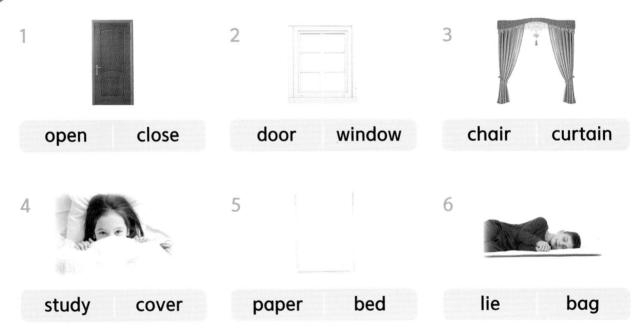

1

2

3

4

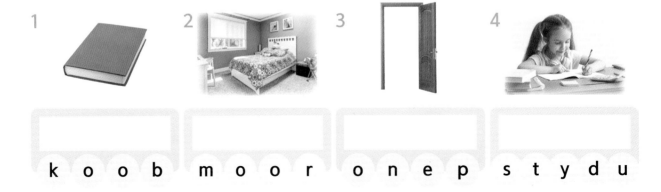

k o o b　　m o o r　　o n e p　　s t y d u

D 우리말에 해당하는 단어를 찾아 동그라미하고 빈칸에 쓰세요.

b k s t i c l o s e a b a g i w i n d o w y o u z o
u u z h l i e u c o v e r a d e s k u d o o r n

1 문	2 책상	3 닫다

4 눕다	5 덮다	6 창문

E 빈칸에 알맞은 단어를 써서 문장을 완성하세요.

Is that your _____**?** 저것은 너의 ~이야?

Is that your ~?를 이용해 멀리 있는 물건을 가리키며 상대방의 것인지 물어보세요.

1 저것은 너의 방이야? → Is that your ?

2 저것은 너의 침대야? → Is that your ?

3 저것은 너의 가방이야? → Is that your ?

4 저것은 너의 책이야? → Is that your

5 저것은 너의 의자야? →

- ☐ **clock**
  시계

- ☐ **television**
  텔레비전

- ☐ **wall**
  벽

- ☐ **table**
  탁자

- ☐ **floor**
  바닥

- ☐ **phone**
  전화(기)

- ☐ **use**
  사용하다

- ☐ **call**
  부르다, 전화하다

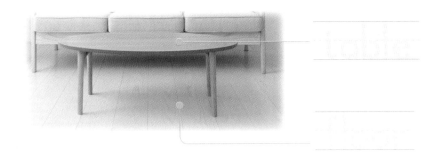

☐ Step 5 문장에 알맞은 단어 넣기 🎧

Where is the _____?

시계가 어디 있어?

'~가 어디 있어?'라고 물을 때는
Where is ~?를 사용해요.

76

fan
key
camera

newspaper
umbrella

where
find

☐ **fan**
선풍기

☐ **key**
열쇠

☐ **camera**
카메라

☐ **newspaper**
신문

☐ **umbrella**
우산

☐ **where**
어디

☐ **find**
찾다, 발견하다

Tips!
· clock은 '벽시계'이고, '손목시계'는 watch라고 해요.
· '핸드폰'은 cell phone이지만 간단히 phone이라고 할 때가 많아요.
· newspaper는 news(뉴스)와 paper(종이)가 합쳐진 단어예요.

Extra Words 🎧
sofa 소파
mirror 거울
thing 것, 물건
radio 라디오
note 메모, 쪽지

77

Practice

A 잘 듣고 알맞은 그림에 번호를 쓰세요.

B 그림에 알맞은 단어를 찾아 동그라미 하세요.

1	2	3
key clock	phone table	floor wall
4	5	6
camera umbrella	find call	newspaper television

C 알맞은 글자를 써서 단어를 완성하세요.

1 a

2 ca

3 ere

4 u

D 그림에 있는 것과 없는 것을 찾아 단어를 쓰세요.

fan   television   clock   newspaper   wall   umbrella

있는 것 _____

_____

_____

없는 것 _____

_____

_____

E 빈칸에 알맞은 단어를 써서 문장을 완성하세요.

Where is ~?로 사물의 위치를 물어봐요. 내 물건을 찾는다면 the 대신 my를 써요.

Where is the _____?   ~가 어디 있어?

Where is my _____?   내 ~가 어디 있어?

1 열쇠가 어디 있어?   →   Where is the   ?

2 내 핸드폰이 어디 있어?   →   Where is my   ?

3 탁자가 어디 있어?   →   Where is the   ?

4 내 우산이 어디 있어?   →   Where is my   ?

5 카메라가 어디 있어?   →   _____

☐ **spoon**
숟가락

☐ **fork**
포크

☐ **knife**
칼

☐ **cup**
컵

☐ **glass**
유리잔, 유리

☐ **water**
물

☐ **bottle**
병

☐ **fill**
채우다

☐ Step 5 문장에 알맞은 단어 넣기 🎧

I need a _____.   나는 숟가락이 필요해.

'나는 ~가 필요해'라고 말할 때는
I need ~를 사용해요.

sugar   salt   oil

☐ **sugar**
설탕

☐ **salt**
소금

☐ **oil**
기름

cut   cook

☐ **cut**
자르다

☐ **cook**
요리하다

make   need

☐ **make**
만들다

☐ **need**
필요하다

Tips!
· fork는 '포크'이고, pork는 '돼지고기'를 뜻해요.
· knife의 k는 소리가 나지 않아요.
· cook은 '요리사'라는 뜻도 있어요.

Extra Words 🎧

sweet 달콤한   **salty** (맛이) 짠
dish 접시   **set** 놓다, 두다
add 추가하다, 더하다

Practice

A 잘 듣고 알맞은 그림에 번호를 쓰세요.

B 그림에 알맞은 단어를 찾아 동그라미 하세요.

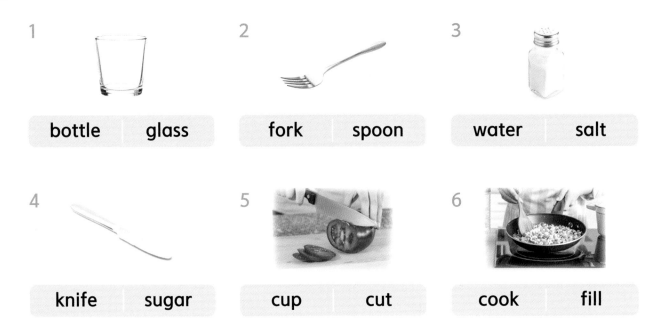

1

bottle   glass

2

fork   spoon

3

water   salt

4

knife   sugar

5

cup   cut

6

cook   fill

C 글자를 순서대로 써서 단어를 완성하세요.

1

2

3

4

l o i   t a w e r   f l i l   k a m e

D 우리말에 해당하는 단어를 찾아 동그라미하고 빈칸에 쓰세요.

s p o n e e d e f o r s p o o n o c u m a c o o k i
b o t t l e a t i g l a s s o c u t e b o t l

| 1 유리잔 | 2 숟가락 | 3 병 |

| 4 요리하다 | 5 필요하다 | 6 자르다 |

E 빈칸에 알맞은 단어를 써서 문장을 완성하세요.

> I need ~로 필요한 물건을 말해 봐요. 뒤에 셀 수 없는 명사가 올 때는 a 대신 some 을 사용해요.

I need a _____. 나는 ~이 필요해.

I need some _____. 나는 ~이 좀 필요해.

1 나는 컵이 필요해. → I need a _____ .

2 나는 소금이 좀 필요해. → I need some _____ .

3 나는 포크가 필요해. → I need a

4 나는 설탕이 좀 필요해. → I need some

5 나는 칼이 필요해. →

A 잘 듣고 해당하는 그림을 찾은 다음, 단어를 연결하세요.

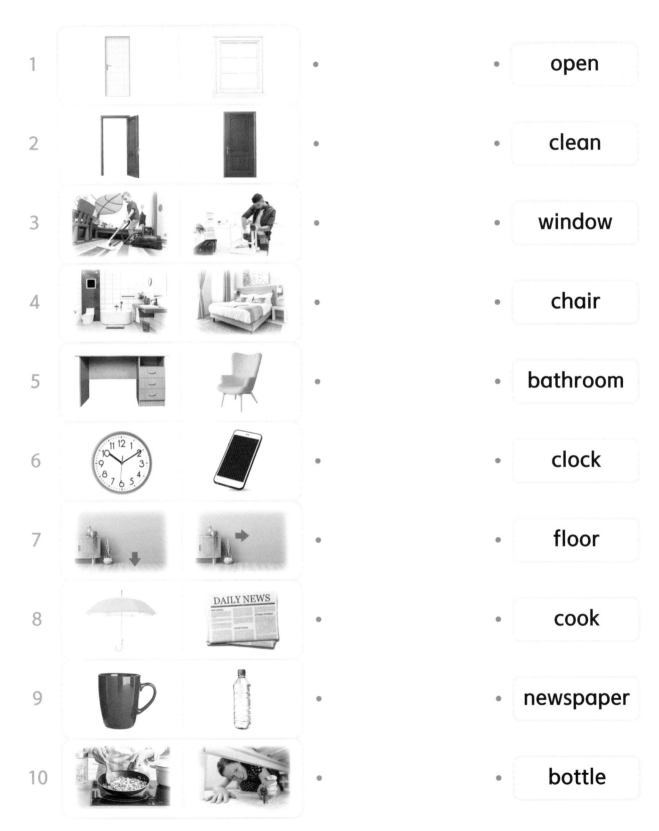

1 • • open

2 • • clean

3 • • window

4 • • chair

5 • • bathroom

6 • • clock

7 • • floor

8 • • cook

9 • • newspaper

10 • • bottle

B 단어를 읽고 알맞은 그림의 번호를 쓰세요.

desk ⟨ ⟩ roof ⟨ ⟩ book ⟨ ⟩ spoon ⟨ ⟩

oil ⟨ ⟩ key ⟨ ⟩ fan ⟨ ⟩ close ⟨ ⟩

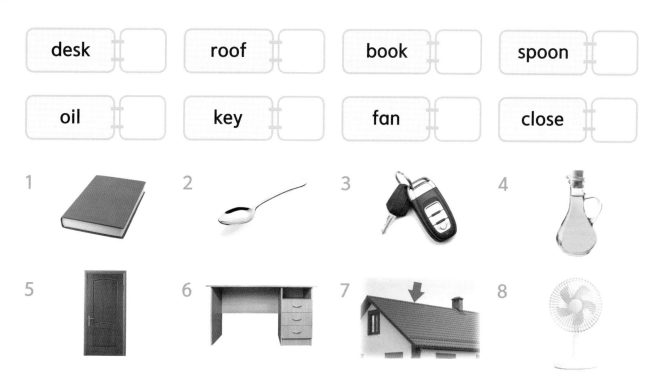

1 2 3 4

5 6 7 8

C 우리말에 해당하는 단어를 써서 퍼즐을 완성하세요.

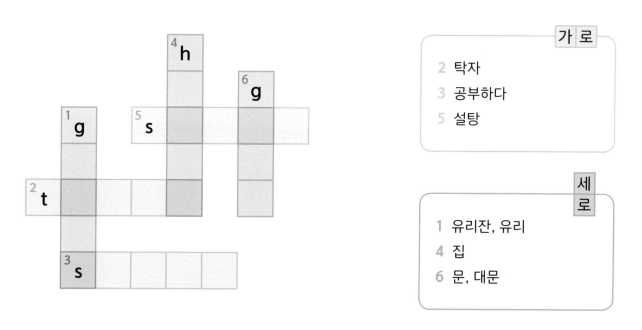

가로

2 탁자
3 공부하다
5 설탕

세로

1 유리잔, 유리
4 집
6 문, 대문

잘 듣고 알맞은 단어를 써서 문장을 완성하세요.

1  She is in the   .

2 She is in the   .

3 Is that your   ?

4 Is that your   ?

5 Where is the   ?

6 Where is my   ?

7 I need a   .

8 I need some   .

E 빈칸에 영어 단어 또는 우리말 뜻을 쓰세요.

영어	우리말	영어	우리말
home		television	
kitchen			시계
	침실		부르다, 전화하다
basement		camera	
	종, 초인종		벽
	들어가다	where	
garden			찾다, 발견하다
	돕다		사용하다
fix		knife	
	방		채우다
	커튼	water	
door		fork	
lie			자르다
	덮다, 씌우다		만들다
paper		need	

☐ **birthday**
생일

☐ **party**
파티

☐ **cake**
케이크

☐ **cookie**
쿠키

☐ **candy**
사탕

☐ **present**
선물

☐ **bring**
가져오다, 데려오다

☐ Step 5 문장에 알맞은 단어 넣기 🎧

I want a _____. 나는 로봇을 원해.

 '나는 ~를 원해', '나는 ~를 갖고 싶어' 라고 할 때는 **I want ~**를 사용해요.

give

toy

robot

card

want

☐ **give**
주다

☐ **get**
받다, 구하다

☐ **toy**
장난감

☐ **robot**
로봇

☐ **doll**
인형

☐ **ball**
공

☐ **card**
카드

☐ **want**
원하다

Tips!
· '생일 파티'는 birthday party라고 해요.
· '선물'은 present 외에 gift라고도 해요.
· get은 '받다' 외에 '얻다', '구하다', '가져오다' 등 뜻이 다양해요.

Extra Words 🎧

age 나이   **invite** 초대하다
visit 방문하다   **hope** 바라다
wish 원하다, 기원하다

Practice

A 잘 듣고 알맞은 그림에 번호를 쓰세요.

B 그림에 알맞은 단어를 찾아 동그라미 하세요.

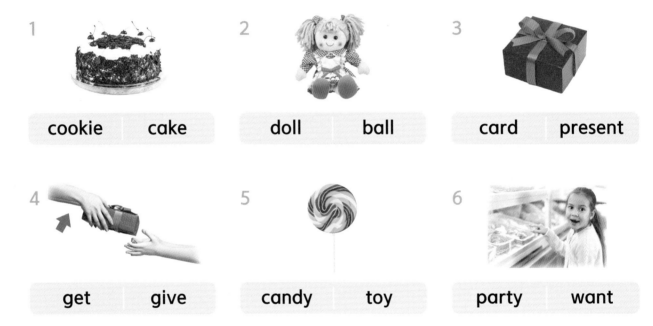

1   cookie   cake

2   doll   ball

3   card   present

4   get   give

5   candy   toy

6   party   want

C 알맞은 글자를 써서 단어를 완성하세요.

1   ba ☐ ☐

2   ar ☐ y

3   g ☐ ☐

4   bir ☐ day

D 각 단어를 해당하는 곳에 쓰세요.

robot   cookie   doll   candy   ball   cake

음식	장난감
_____	_____
_____	_____
_____	_____

E 빈칸에 알맞은 단어를 써서 문장을 완성하세요.

I want ~로 내가 원하거나 갖고 싶은 것을 말해 보세요.

I want a _____. 나는 ~를 원해.

1 나는 케이크를 원해. → **I want a** _____ .

2 나는 선물을 원해. → **I want a** _____ .

3 나는 파티를 원해. → I want a _____

4 나는 장난감을 원해. → I want a _____

5 나는 공을 원해. → _____

- [ ] **go**
  가다

- [ ] **come**
  오다

- [ ] **walk**
  걷다

- [ ] **run**
  달리다

- [ ] **sit**
  앉다

- [ ] **stand**
  서다

- [ ] **up**
  위로, 위에

- [ ] **down**
  아래로, 아래에

- [ ] Step 5 문장에 알맞은 단어 넣기 🎧

Don't _____**, please.** 가지 마세요.

'~하지 마'라고 할 때는 동사 앞에 **Don't**를 붙여요. 끝에 **please**를 붙이면 정중한 표현이 돼요.

put

☐ **put**
놓다, 두다

drop

☐ **drop**
떨어뜨리다

jump

hang

push

☐ **jump**
뛰다, 점프하다

☐ **hang**
매달리다

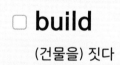

☐ **push**
밀다

build

carry

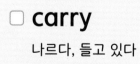

☐ **build**
(건물을) 짓다

☐ **carry**
나르다, 들고 있다

Tips!
· hang은 물건을 '걸다'라는 뜻도 있어요.
· push(밀다)의 반대말은 pull(당기다)이에요.

Extra Words 🎧
start 시작하다
pick 고르다
again 다시
finish 끝나다
now 지금

Practice

A 잘 듣고 알맞은 그림에 번호를 쓰세요.

B 그림에 알맞은 단어를 찾아 동그라미 하세요.

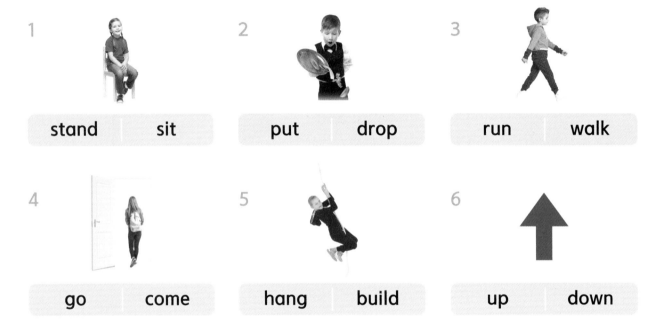

1	2	3
stand sit	put drop	run walk
4	5	6
go come	hang build	up down

C 글자를 순서대로 써서 단어를 완성하세요.

1	2	3	4
s u p h	m e c o	j p m u	r a c r y

D 우리말에 해당하는 단어를 찾아 동그라미하고 빈칸에 쓰세요.

**ranputacodrunihangepuwalko
rudropuhobuildohalgup**

1 걷다	2 놓다	3 떨어뜨리다

4 달리다	5 (건물을) 짓다	6 매달리다

E 빈칸에 알맞은 단어를 써서 문장을 완성하세요.

Don't 뒤에 동사를 붙여서 어떤 행동을 하지 말라고 말 해 보세요.

Don't _____, please. ~하지 마세요.

1 달리지 마세요. ➡ Don't _____, please.

2 점프하지 마세요. ➡ Don't _____, please.

3 일어서지 마세요. ➡ Don't _____ up, please.

4 앉지 마세요. ➡ Don't _____ down, please.

5 밀지 마세요. ➡ _____

- [ ] **see**
  보다

- [ ] **hear**
  듣다

- [ ] **smell**
  냄새 맡다

- [ ] **eat**
  먹다

- [ ] **drink**
  마시다

- [ ] **taste**
  맛보다

- [ ] **play**
  놀다

- [ ] **fall**
  넘어지다, 떨어지다

- [ ] Step 5 문장에 알맞은 단어 넣기 🎧

I'm _____ing milk.

나는 우유를 마시고 있어.

'나는 (지금) ~하고 있어'라고 하려
면 I'm 뒤에 eating, drinking 같은
'동사+ing'를 붙여요.

talk
talk

tell
tell

☐ **talk**
말하다, 이야기하다

☐ **tell**
말하다, 알리다

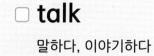 Do you...?

say
say

speak
speak

☐ **say**
(~라고) 말하다

☐ **speak**
말하다

think
think

change
change

☐ **think**
생각하다

☐ **change**
바꾸다

break
break

☐ **break**
깨다, 부수다

Tips!
• talk는 대화를 주고받는 것이고, tell은 한 명이 다른 사람에게 말하는 거예요.
• 어떤 언어를 할 수 있다고 할 때는 speak를 써요.
speak English 영어를 하다

Extra Words 🎧
join 함께 하다
control 조정하다
playground 놀이터
sand 모래
alone 혼자

Practice

A 잘 듣고 알맞은 그림에 번호를 쓰세요.

Do you...?

B 그림에 알맞은 단어를 찾아 동그라미 하세요.

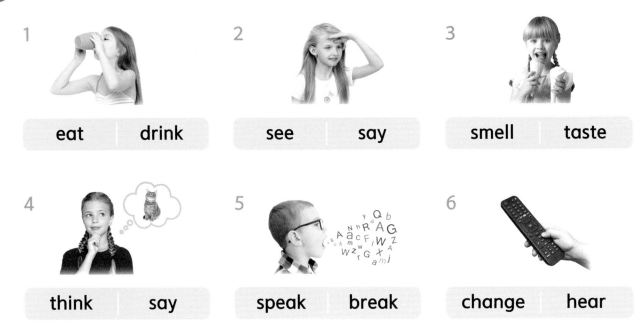

1	2	3
eat	drink	see	say	smell	taste

4	5	6
think	say	speak	break	change	hear

C 알맞은 글자를 써서 단어를 완성하세요.

1	2	3	4
pl	ll	eak	te

98

D 각 신체 부위와 관련 있는 단어를 쓰세요.

see

smell

hear

think

say

taste

E 빈칸에 알맞은 단어를 써서 문장을 완성하세요.

I'm _____ing. 나는 ~하고 있어.

I'm 뒤에 '동사+ing'를 붙여서 지금 하고 있는 동작을 말해 봐요.

1 나는 바나나를 먹고 있어. → I'm _____ ing a banana.

2 나는 물을 마시고 있어. → I'm _____ ing water.

3 나는 그와 놀고 있어. → I'm _____ ing with him.

4 나는 그녀와 얘기하고 있어. → I'm _____ ing to her.

5 나는 꽃 냄새를 맡고 있어. → I'm _____ ing a flower.

☐ **wake up**
(잠에서) 깨다

☐ **get up**
(잠자리에서) 일어나다

wake up   get up

☐ **wash**
씻다

☐ **brush**
칫솔질하다

wash   brush

☐ **ready**
준비가 된

☐ **late**
늦은, 지각한

☐ **hurry**
서두르다

ready   late   hurry

☐ Step 5 문장에 알맞은 단어 넣기 🎧

Time to _____. 일어날 시간이야.

Time for _____. 아침 식사 시간이야.

'~할 시간이야'는 〈Time to+동사〉
또는 〈Time for+명사〉를 써서 표현
해요.

breakfast

lunch

☐ **breakfast**
아침 식사

☐ **lunch**
점심 식사

dinner

when

☐ **dinner**
저녁 식사

☐ **when**
언제

do

sleep

☐ **do**
하다

☐ **homework**
숙제

homework

dream

☐ **sleep**
잠자다

☐ **dream**
꿈을 꾸다

Tips!
· wake up은 '잠에서 깨는 것'을 말하고, get up은 '침대에서 몸을 일으키는 것'을 말해요.
· '세수하다'는 wash your face, '양치하다'는 brush your teeth와 같이 표현해요.

Extra Words 🎧

plan 계획하다
end 끝나다
after ~ 후에

begin 시작하다
before ~ 전에

Practice

A 잘 듣고 알맞은 그림에 번호를 쓰세요.

B 그림에 알맞은 단어를 찾아 동그라미 하세요.

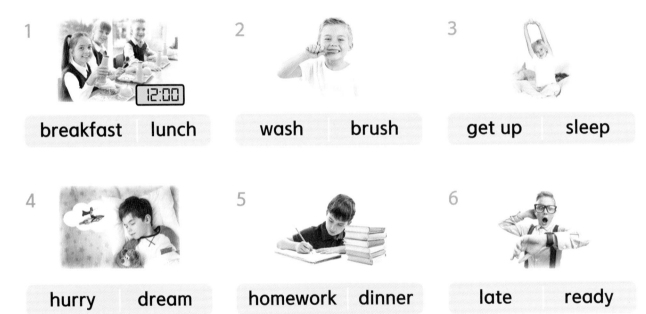

1 breakfast   lunch

2 wash   brush

3 get up   sleep

4 hurry   dream

5 homework   dinner

6 late   ready

C 글자를 순서대로 써서 단어를 완성하세요.

1   2   3   4

r h r y u   r a e y d   d e n i n r   w n e h

D 각 단어를 관련 있는 곳에 쓰세요.

dinner　　breakfast　　wake up　　sleep　　get up　　dream

아침

밤

_____

_____

_____

_____

_____

_____

E 빈칸에 알맞은 단어를 써서 문장을 완성하세요.

〈Time to+동사〉 또는
〈Time for+명사〉를 써서
'~할 시간이야'라고 말해 보세요.

Time to _____. ~할 시간이야.

Time for _____. (~을 위한) 시간이야.

1　잠에서 깰 시간이야.　→　Time to _____ !

2　점심 식사 시간이야.　→　Time for _____ !

3　세수할 시간이야.　→　Time to _____ your face!

4　저녁 식사 시간이야.　→　Time for _____

5　양치할 시간이야.　→　Time to _____ your teeth!

A 잘 듣고 해당하는 그림을 찾은 다음, 단어를 연결하세요.

1	ball
2	candy
3	stand
4	give
5	come
6	play
7	wash
8	push
9	speak
10	hurry

B 단어를 읽고 알맞은 그림의 번호를 쓰세요.

sleep		toy		walk		talk	

card		want		fall		hang	

1   2   3   4

5   6   7   8

C 우리말에 해당하는 단어를 써서 퍼즐을 완성하세요.

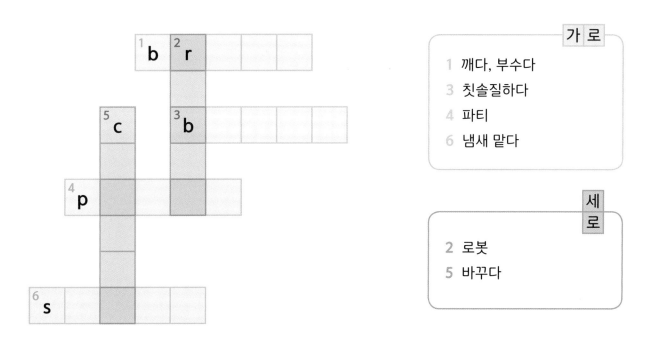

¹b ²r

⁵c ³b

⁴p

⁶s

가로
1 깨다, 부수다
3 칫솔질하다
4 파티
6 냄새 맡다

세로
2 로봇
5 바꾸다

잘 듣고 알맞은 단어를 써서 문장을 완성하세요.

1  I want a _____.

2 I want a _____.

3 Don't _____, please.

4 Don't _____, please.

5  I'm _____ing milk.

6 I'm _____ing a hamburger.

7  Time to _____!

8  Time for _____!

E 빈칸에 영어 단어 또는 우리말 뜻을 쓰세요.

birthday		taste	
	인형		생각하다
cookie		say	
	가져오다, 데려오다	tell	
get			듣다
	가다	get up	
	앉다	wash	
up			늦은, 지각한
	아래로, 아래에		준비가 된
	놓다, 두다	breakfast	
carry			저녁 식사
drop			하다
	밀다	homework	
build		dream	
	보다		언제

학습 날짜 ☐월 ☐일

☐ **sky**
하늘

☐ **sea**
바다

sky

beach

☐ **beach**
해변, 바닷가

☐ **mountain**
산

mountain

lake

☐ **lake**
호수

☐ **river**
강

☐ **forest**
숲

river   forest

☐ Step 5 문장에 알맞은 단어 넣기 🎧

Look at the _____. 바다 좀 봐.

look at은 '~를 보다'예요. 상대방에게 '~ 좀 봐'라고 할 때는 Look at으로 시작해요.

108

☐ **sun**
해, 태양

☐ **cloud**
구름

☐ **wind**
바람

☐ **rock**
바위

☐ **stone**
돌

☐ **moon**
달

☐ **star**
별

☐ **look**
보다

Tips!
· star는 가수, 배우, 운동선수 등의 '스타'를 뜻하기도 해요.
· see는 보이는 것을 보는 것이고, look은 일부러 쳐다보는 거예요.

Extra Words 🎧
earth 지구, 땅   **land** 땅, 육지
air 공기   **hill** 언덕
nature 자연

109

Practice

A 잘 듣고 알맞은 그림에 번호를 쓰세요.

B 그림에 알맞은 단어를 찾아 동그라미 하세요.

1
cloud | beach

2
sky | mountain

3
forest | river

4
sea | stone

5
lake | rock

6
star | moon

C 알맞은 글자를 써서 단어를 완성하세요.

1
s ☐ ☐

2
wi ☐ ☐

3
☐ ☐ one

4
l ☐ ☐ k

D 각 단어를 관련 있는 곳에 쓰세요.

moon   river   mountain   star   lake   forest

물	하늘	나무
_____	_____	_____
_____	_____	_____

E 빈칸에 알맞은 단어를 써서 문장을 완성하세요.

Look at ~을 써서 상대방에게 무언가를 보라고 말해 보세요.

Look at the _____. ~ 좀 봐.

1 강 좀 봐. → Look at the _____ .

2 달 좀 봐. → Look at the _____ .

3 산 좀 봐. → Look at the

4 하늘 좀 봐. → Look at the

5 해변 좀 봐. →

학습 날짜 [ ] 월 [ ] 일

☐ **spring**
봄

☐ **warm**
따뜻한

20°

☐ **summer**
여름

☐ **hot**
더운, 뜨거운

35°

☐ **autumn**
가을

☐ **cool**
시원한

8°

☐ **winter**
겨울

☐ **cold**
추운

-3°

☐ Step 5 문장에 알맞은 단어 넣기 🎧

A: **How's the weather?** 날씨가 어때?

B: **It's** _____. 화창해.

weather는 '날씨'를 뜻해요. 날씨가 어떤지 말할 때는 It으로 문장을 시작해요.

sunny

☐ **sunny**
화창한

clear

☐ **clear**
맑은

cloudy

windy

☐ **cloudy**
구름 낀

☐ **windy**
바람이 부는

raining

snowing

☐ **raining**
비가 오는

☐ **snowing**
눈이 오는

how

☐ **how**
어떻게, 어떤

Tips!

· '가을'은 fall이라고도 해요. fall은 미국에서, autumn은 영국에서 많이 써요.

· sunny, cloudy, windy는 명사 sun(해), cloud(구름), wind(바람) 에 -y를 붙여서 만든 형용사예요.

Extra Words 🎧

season 계절
foggy 안개가 낀
ice 얼음

weather 날씨
heat 열기

Practice

A 잘 듣고 알맞은 그림에 번호를 쓰세요.

B 그림에 알맞은 단어를 찾아 동그라미 하세요.

1
35°

hot | cold

2

winter | summer

3
8°

warm | cool

4

sunny | cloudy

5

raining | snowing

6

clear | windy

C 글자를 순서대로 써서 단어를 완성하세요.

1
20°

2

3

4

r a m w   t u a u m n   s i p r g n   r c e a l

D 그림과 관련 있는 단어를 쓰세요.

summer   winter   cold   sunny   snowing   hot

_____   _____

_____   _____

_____   _____

E 빈칸에 알맞은 단어를 써서 문장을 완성하세요.

How's the weather?로 날씨를 묻고 It's ~로 날씨를 말해 보세요.

A: **How's the weather?**   날씨가 어때?

B: **It's** _____.   ~해.

1 시원해.   →   **It's** _____.

2 구름이 꼈어.   →   **It's** _____.

3 바람이 불어.   →   _____

4 비가 오고 있어. →   _____

5 눈이 오고 있어. →   _____

☐ **school**
학교

☐ **classroom**
교실

☐ **pen**
펜

☐ **pencil**
연필

☐ **crayon**
크레용

☐ **eraser**
지우개

☐ **pencil case**
필통

☐ Step 5 문장에 알맞은 단어 넣기 🎧

Do you have a _____?

너 연필 있어?

 have는 '가지고 있다'이므로 Do you have ~?는 '너 ~ (가지고) 있어?' 라는 뜻이에요.

tape

☐ **tape**
테이프

scissors

☐ **scissors**
가위

notebook

☐ **notebook**
공책

borrow

☐ **borrow**
빌리다

teacher

ask

☐ **teacher**
선생님

student

answer

☐ **student**
학생

☐ **ask**
묻다

☐ **answer**
대답하다

Tips!
• 가위는 날이 2개여서 항상 -s를 붙인 복수형 scissors로 써요.
• notebook은 필기를 하는 '공책'을 의미해요. '노트북 컴퓨터'는 laptop이라고 해요.

Extra Words 🎧
blackboard 칠판   **question** 질문
textbook 교과서   **page** 페이지, 쪽
college 대학교

117

Practice

A 잘 듣고 알맞은 그림에 번호를 쓰세요.

B 그림에 알맞은 단어를 찾아 동그라미 하세요.

1   pencil   crayon

2   tape   notebook

3   ask   answer

4   eraser   school

5   teacher   student

6   pen   scissors

C 알맞은 글자를 써서 단어를 완성하세요.

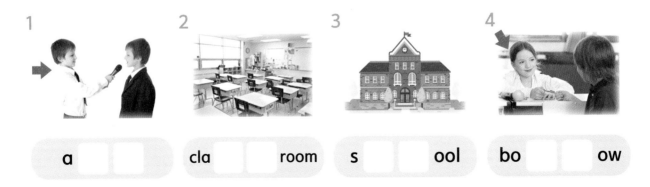

1   a ⬚ ⬚

2   cla ⬚ ⬚ room

3   s ⬚ ⬚ ool

4   bo ⬚ ⬚ ow

D 우리말에 해당하는 단어를 찾아 동그라미하고 빈칸에 쓰세요.

p a s k e r s t u d e n t i k a p e n c i l o m
r a n s w e r o s e t e a c h e r i c r a y o n e l m

1 크레용	2 학생	3 선생님

4 연필	5 묻다	6 대답하다

E 빈칸에 알맞은 단어를 써서 문장을 완성하세요.

상대방이 어떤 물건을 가지고 있는지 Do you have ~?를 이용해 물어보세요.

Do you have a _____? 너 ~ 있어?

1 너 펜 있어? → **Do you have a** ?

2 너 지우개 있어? → **Do you have an** ?

3 너 공책 있어? → Do you have a ?

4 너 가위 있어? → Do you have ?

5 너 테이프 있어? →

119

☐ **math**
수학

☐ **science**
과학

☐ **art**
미술

☐ **history**
역사

☐ **Korean**
한국어

☐ **English**
영어

☐ **word**
단어

☐ **write**
쓰다

☐ Step 5 문장에 알맞은 단어 넣기 🎧

Do you like _____?

너는 과학을 좋아하니?

like는 '좋아하다'이므로 Do you like ~?는 '너는 ~를 좋아하니?'라고 묻는 말이에요.

☐ **test**
시험

☐ **right**
맞은, 옳은

☐ **wrong**
틀린, 잘못된

☐ **easy**
쉬운

☐ **difficult**
어려운

☐ **learn**
배우다

☐ **know**
알다

Tips!
· Korean, English처럼 나라 이름과 관련된 단어는 첫 글자를 항상 대문자로 써요.
· write와 right는 철자는 다르지만 발음이 같아요. write에서 w는 소리가 나지 않아요.

Extra Words 🎧
quiz 퀴즈   score 점수
lesson 수업   example 예
understand 이해하다

Practice

A 잘 듣고 알맞은 그림에 번호를 쓰세요.

B 그림에 알맞은 단어를 찾아 동그라미 하세요.

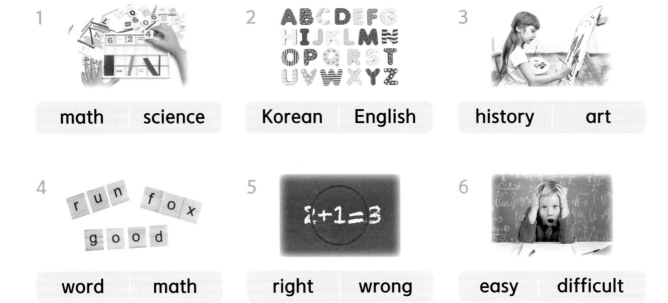

1	2	3
math science	Korean English	history art
4	5	6
word math	right wrong	easy difficult

C 글자를 순서대로 써서 단어를 완성하세요.

1   2   3   4

r i w t e   s t e t a   s e y   n o w k

D 우리말에 해당하는 단어를 찾아 동그라미하고 빈칸에 쓰세요.

tesrightopewriteunitewrongo
itedifficultriteKoreanlearnit

1 틀린	2 맞은	3 배우다

4 쓰다	5 한국어	6 어려운

E 빈칸에 알맞은 단어를 써서 문장을 완성하세요.

상대방이 어떤 과목을 좋아
하는지 아닌지 Do you like
~?를 써서 물어보세요.

Do you like _____**?** 너는 ~를 좋아하니?

1 너는 미술을 좋아하니? → Do you like _____ ?

2 너는 영어를 좋아하니? → Do you like _____ ?

3 너는 수학을 좋아하니? → Do you like _____ ?

4 너는 역사를 좋아하니? → Do you like _____ ?

5 너는 과학을 좋아하니? →

A 잘 듣고 해당하는 그림을 찾은 다음, 단어를 연결하세요.

1	lake
2	winter
3	sky
4	warm
5	star
6	eraser
7	right
8	teacher
9	answer
10	difficult

B 단어를 읽고 알맞은 그림의 번호를 쓰세요.

beach | clear | Korean | rock

write | notebook | look | cold

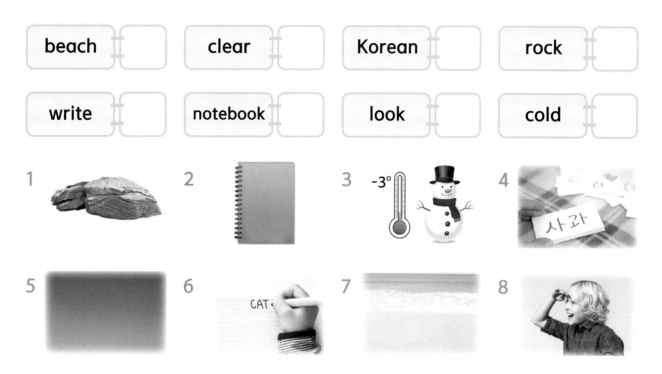

1

2

3 -3°

4 사과

5

6 CAT

7

8

C 우리말에 해당하는 단어를 써서 퍼즐을 완성하세요.

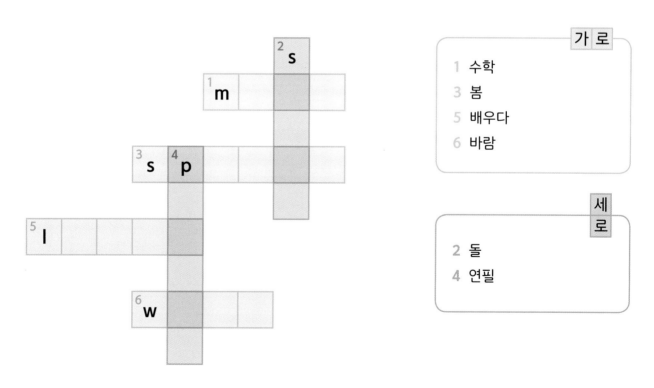

가 로

1 수학
3 봄
5 배우다
6 바람

세 로

2 돌
4 연필

D 잘 듣고 알맞은 단어를 써서 문장을 완성하세요.

1   Look at the   .

2   Look at the   .

3   A: How's the weather?
     B: It's   .

4   A: How's the weather?
     B: It's   .

5   Do you have a   ?

6   Do you have   ?

7   Do you like   ?

8   Do you like   ?

E 빈칸에 영어 단어 또는 우리말 뜻을 쓰세요.

	바다	classroom	
forest			크레용
stone		pencil case	
	해, 태양		테이프
cloud		notebook	
	바람	borrow	
	달	student	
	여름		묻다
autumn			미술
	더운, 뜨거운	history	
	시원한		단어
sunny			시험
	바람이 부는	wrong	
raining		know	
	학교	easy	

사물의 상태

- [ ] **heavy**
  무거운

- [ ] **light**
  가벼운

- [ ] **soft**
  부드러운

- [ ] **hard**
  딱딱한, 어려운

- [ ] **dry**
  마른

- [ ] **wet**
  젖은

- [ ] **high**
  높은

- [ ] **low**
  낮은

- [ ] Step 5 문장에 알맞은 단어 넣기 🎧

It's very _____ . 그것은 아주 무거워.

very는 '매우, 아주'라는 뜻으로
It's very ~는 '그것은 아주 ~해'
라는 뜻이에요.

128

☐ **bright**
밝은

☐ **dark**
어두운

☐ **fast**
빠른

☐ **slow**
느린

☐ **new**
새로운

☐ **old**
오래된, 낡은

☐ **full**
꽉 찬, 배부른

Tips!
· fast는 '빠른'이라는 형용사, '빠르게'라는 부사로 모두 쓰여요.
· old는 물건이 '오래된' 외에 사람이 '나이가 많은'이라는 뜻도 있어요.
· light, high, bright에서 gh는 소리가 나지 않아요.

Extra Words 🎧
quick 빠른　　deep 깊은
quiet 조용한　　loud 시끄러운
safe 안전한

Practice

A 잘 듣고 알맞은 그림에 번호를 쓰세요.

B 그림에 알맞은 단어를 찾아 동그라미 하세요.

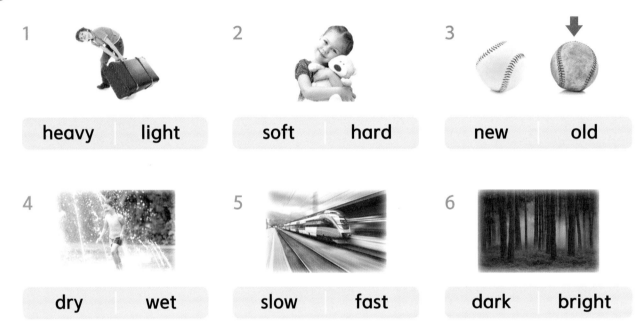

1
heavy | light

2
soft | hard

3
new | old

4
dry | wet

5
slow | fast

6
dark | bright

C 알맞은 글자를 써서 단어를 완성하세요.

1 ☐ ☐ y

2 ☐ ow

3 n ☐ ☐

4 fu ☐ ☐

D 뜻이 반대되는 단어를 찾아서 쓰세요.

wet　　　light　　　low　　　bright　　　hard　　　slow

fast ⟷ _____　　　high ⟷ _____

heavy ⟷ _____　　　dry ⟷ _____

soft ⟷ _____　　　dark ⟷ _____

E 빈칸에 알맞은 단어를 써서 문장을 완성하세요.

It's very ~ 뒤에 상태나 특징을 나타내는 말을 넣어 '그것은 아주 ~해'라고 말해 보세요.

It's very _____. 그것은 아주 ~해.

1 그것은 아주 무거워.　→　It's very _____.

2 그것은 아주 빨라.　→　It's very _____.

3 그것은 아주 높아.　→　It's very _____

4 그것은 아주 낮았어.　→　It's very _____

5 그것은 아주 부드러워.　→　_____

DAY 26 〉 숫자

학습 날짜 [　]월 [　]일

☐ **one**
1, 하나

☐ **two**
2, 둘

☐ **three**
3, 셋

☐ **four**
4, 넷

☐ **five**
5, 다섯

☐ **six**
6, 여섯

☐ **seven**
7, 일곱

☐ **eight**
8, 여덟

one

two

three

four

five

six

seven

eight

☐ **Step 5** 문장에 알맞은 단어 넣기 🎧

I am _____ years old. 나는 열 살이야.

내 나이를 말할 때는 I am ~ years old를 사용해요. year는 '년, ~ 살'이라는 뜻이에요.

132

9
nine

10
ten

11
eleven

12
twelve

13
thirteen

20
twenty

30
thirty

☐ **nine**
9, 아홉

☐ **ten**
10, 열

☐ **eleven**
11, 열하나

☐ **twelve**
12, 열둘

☐ **thirteen**
13, 열셋

☐ **twenty**
20, 스물

☐ **thirty**
30, 서른

Tips!
· 14부터 19는 각 숫자 뒤에 teen을 붙여요.
fourteen 14 fifteen 15 sixteen 16
· 21~99는 두 단어를 조합해서 만들어요.
twenty-one 21 thirty-two 32

Extra Words 🎧
number 숫자   hundred 100, 백
first 첫 번째   second 두 번째
third 세 번째

Practice

A 잘 듣고 알맞은 그림에 번호를 쓰세요.

4 **11** **20** **8**

B 그림에 알맞은 단어를 찾아 동그라미 하세요.

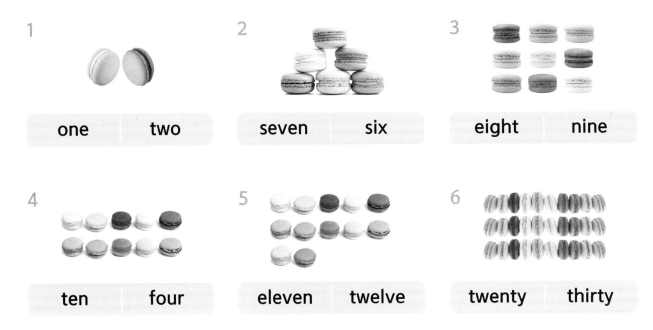

1
one　　two

2
seven　　six

3
eight　　nine

4
ten　　four

5
eleven　　twelve

6
twenty　　thirty

C 글자를 순서대로 써서 단어를 완성하세요.

1　　　　　2　　　　　3　　　　　4

o e n　　t h e r e　　v i f e　　v e s e n

D 계산 결과에 해당하는 단어를 쓰세요.

| six | four | eight | thirty | twelve | thirteen |

one + three = _____   two + six = _____

four + two = _____   three + nine = _____

eight + five = _____   ten + twenty = _____

E 빈칸에 알맞은 단어를 써서 문장을 완성하세요.

I am _____ years old. 나는 ~ 살이야.

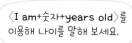 〈I am+숫자+years old〉를 이용해 나이를 말해 보세요.

1 나는 일곱 살이야. → I am _____ years old.

2 나는 여덟 살이야. → I am _____ years old.

3 나는 아홉 살이야. → I am _____ years old.

4 나는 열 살이야. → I am _____ years old.

5 나는 열한 살이야. → _____

- **day**
  하루, 낮

- **week**
  주, 일주일

- **weekend**
  주말

- **month**
  달, 월

- **year**
  년, 해

- **today**
  오늘

- **yesterday**
  어제

- **tomorrow**
  내일

☐ Step 5 문장에 알맞은 단어 넣기 🎧

Have a nice _____! 좋은 하루 보내!

 Have a nice ~!는 상대방에게 '좋은 ~ 보내'라고 말할 때 사용해요.

time

hour

JANUARY

SUN	MON	TUE	WED	THU	FRI	SAT
	①	2	3	4	5	6
New Year's Day		10	11	12	13
14	15	16	17	18	19	20
21	22	23	24	25	26	27
28	29	30	31			

holiday

trip

travel

nice

great

☐ **time**
시간

☐ **hour**
1시간, 시간

☐ **holiday**
휴일, 휴가

☐ **trip**
여행

☐ **travel**
여행하다

☐ **nice**
좋은

☐ **great**
정말 좋은

Tips!
· hour의 h는 소리가 나지 않아요.
· trip은 '비교적 짧은 여행이나 방문'을 뜻하고, travel은 '장거리를 여행하다'라는 뜻이에요.

Extra Words 🎧

date 날짜
next 다음의
tonight 오늘 밤

world 세계, 세상
last 지난

Practice

A 잘 듣고 알맞은 그림에 번호를 쓰세요.

	SUN	MON	TUE	WED	THU	FRI	SAT
	18	19	20	오늘 21	22	23	24

B 그림에 알맞은 단어를 찾아 동그라미 하세요.

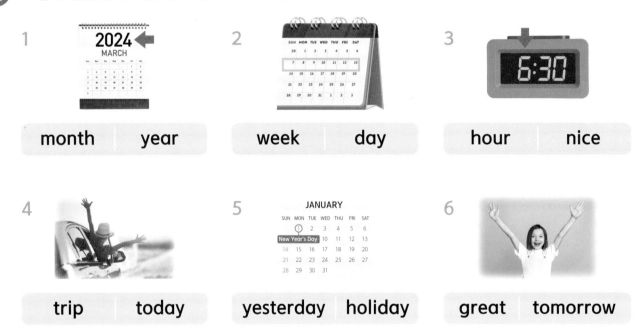

1. month | year
2. week | day
3. hour | nice
4. trip | today
5. yesterday | holiday
6. great | tomorrow

C 알맞은 글자를 써서 단어를 완성하세요.

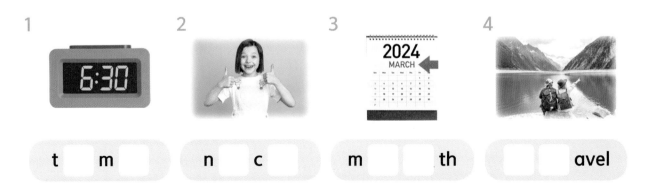

1. t ☐ m ☐
2. n ☐ c ☐
3. m ☐ ☐ th
4. ☐ ☐ avel

D 주어진 조건대로 단어를 나열하세요.

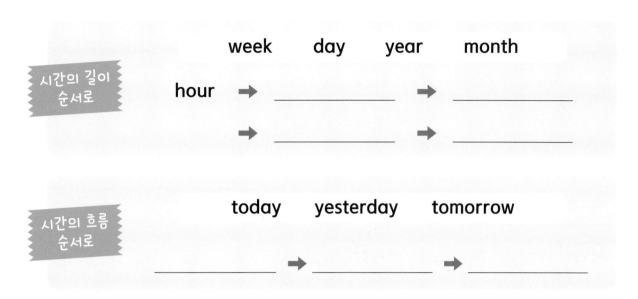

시간의 길이 순서로

week   day   year   month

hour ➡ _____ ➡ _____

➡ _____ ➡ _____

시간의 흐름 순서로

today   yesterday   tomorrow

_____ ➡ _____ ➡ _____

E 빈칸에 알맞은 단어를 써서 문장을 완성하세요.

> Have a nice ~! 또는 Have a great ~!를 써서 상대방에게 '좋은 ~ 보내'라고 말해 보세요.

Have a nice _____! 좋은 ~ 보내!

Have a great _____! 좋은 ~ 보내!

1   좋은 시간 보내!   ➡   **Have a nice**   **!**

2   좋은 한 주 보내!   ➡   **Have a great**   **!**

3   좋은 여행 되길!   ➡   Have a nice

4   주말 잘 보내!   ➡   Have a great

5   휴일 잘 보내!   ➡   Have a nice

학습 날짜 [ ]월 [ ]일

- [ ] **bank**
  은행

- [ ] **post office**
  우체국

- [ ] **hospital**
  병원

- [ ] **police station**
  경찰서

- [ ] **restaurant**
  식당

- [ ] **bakery**
  빵집

- [ ] **theater**
  극장

- [ ] **library**
  도서관

post office

hospital

police station

restaurant

bakery

theater

library

- [ ] **Step 5** 문장에 알맞은 단어 넣기 🎧

I'm going to the _____.

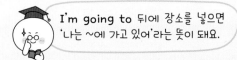
I'm going to 뒤에 장소를 넣으면 '나는 ~에 가고 있어'라는 뜻이 돼요.

나는 공원에 가고 있어.

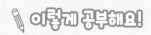

church

restroom

park

large

city

town

country

☐ **church**
교회

☐ **restroom**
화장실

☐ **park**
공원

☐ **large**
큰, 넓은

☐ **city**
도시

☐ **town**
소도시

☐ **country**
시골

Tips!
- hospital은 종합병원 규모의 큰 병원을 뜻해요.
- town은 city보다 작은 규모의 (소)도시를 가리켜요.
- country는 '시골' 외에 '국가'라는 뜻도 있어요.

Extra Words 🎧

place 장소   **area** 지역

nation 국가   **culture** 문화

apartment 아파트

141

Practice

A 잘 듣고 알맞은 그림에 번호를 쓰세요.

B 그림에 알맞은 단어를 찾아 동그라미 하세요.

1 | bank | library

2 | hospital | park

3 | bakery | theater

4 | town | country

5 | church | post office

6 | restaurant | restroom

C 알맞은 글자를 써서 단어를 완성하세요.

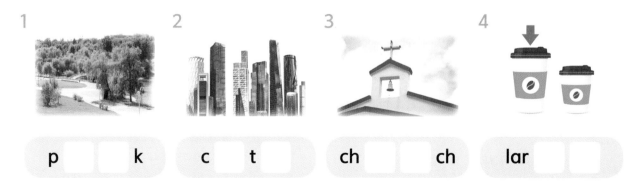

1 p ☐ ☐ k

2 c ☐ t ☐

3 ch ☐ ☐ ch

4 lar ☐ ☐

D 우리말에 해당하는 단어를 찾아 동그라미하고 빈칸에 쓰세요.

parlibrarychurbakeryobancity
restroomecountryitheatereo

1 빵집	2 시골	3 도서관
4 극장	5 도시	6 화장실

E 빈칸에 알맞은 단어를 써서 문장을 완성하세요.

I'm going to the 뒤에 장소를 넣어 지금 어디에 가고 있는지 말해 보세요.

I'm going to the _____. 나는 ~에 가고 있어.

1 나는 병원에 가고 있어. ➡ I'm going to the _____.

2 나는 은행에 가고 있어. ➡ I'm going to the _____.

3 나는 공원에 가고 있어. ➡ I'm going to the _____

4 나는 우체국에 가고 있어. ➡ I'm going to the _____

5 나는 식당에 가고 있어. ➡ _____

Review 7 DAY 25~28

A 잘 듣고 해당하는 그림을 찾은 다음, 단어를 연결하세요.

1 • • wet

2 • • hard

3 • • two

4 • • new

5 • • eight

6 • • hospital

7 • • week

8 • • theater

9 • • year

10 • • city

B 단어를 읽고 알맞은 그림의 번호를 쓰세요.

high		four		time		church	

town		travel		dark		eleven	

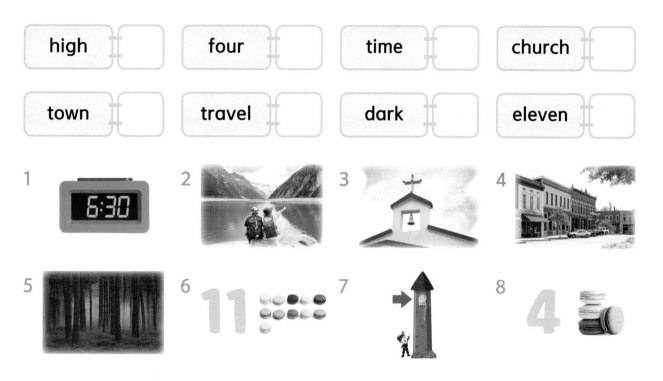

1
2
3
4
5
6
7
8

C 우리말에 해당하는 단어를 써서 퍼즐을 완성하세요.

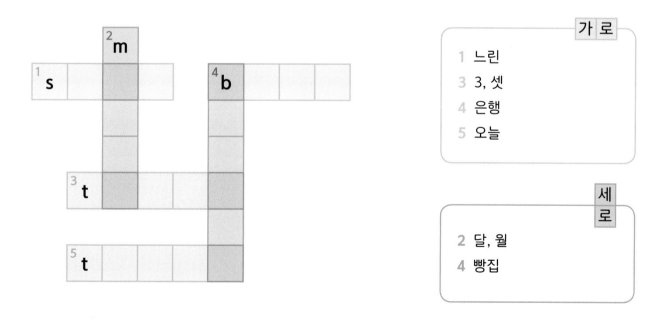

²m

¹s

⁴b

³t

⁵t

가 로

1 느린
3 3, 셋
4 은행
5 오늘

세
로

2 달, 월
4 빵집

D 잘 듣고 알맞은 단어를 써서 문장을 완성하세요.

1 It's very _____ .

2  It's very _____ .

3  I am _____ years old.

4  I am _____ years old.

5  Have a nice _____ !

6  Have a nice _____ !

7  I'm going to the _____ .

8  I'm going to the _____ .

빈칸에 영어 단어 또는 우리말 뜻을 쓰세요.

light				하루, 낮
	마른		hour	
soft			tomorrow	
	낮은			어제
bright			holiday	
	꽉 찬, 배부른		nice	
	오래된, 낡은			정말 좋은
	1, 하나		police station	
six				병원
nine			large	
	10, 열			식당
	12, 열둘		restroom	
thirteen			post office	
twenty				도시
	30, 서른			시골

☐ **listen**
듣다

☐ **music**
음악

☐ **sound**
소리

listen music sound

☐ **watch**
보다

☐ **movie**
영화

watch

movie

☐ **draw**
그리다

☐ **paint**
그리다

☐ **picture**
그림, 사진

draw paint picture

☐ Step 5 문장에 알맞은 단어 넣기 🎧

I like to _____ songs.

 I like to 뒤에 '동사'를 붙이면
'난 ~하는 걸 좋아해'라는 뜻이 돼요.

148 난 노래 부르는 걸 좋아해.

sing
sing song dance

☐ **sing**
노래하다

☐ **song**
노래

☐ **dance**
춤추다

read comic book

☐ **read**
읽다

☐ **comic book**
만화책

video game hobby

☐ **video game**
비디오 게임

☐ **hobby**
취미

Tips!

• draw는 연필이나 펜 등으로 선 위주로 그리는 것이고,
  paint는 물감 등으로 그리거나 색칠하는 거예요.
• '음악을 듣다'는 listen to music이라고 표현해요.

Extra Words 🎧

film 영화   voice 목소리
habit 습관   collect 모으다
focus 집중하다

149

Practice

A 잘 듣고 알맞은 그림에 번호를 쓰세요.

B 그림에 알맞은 단어를 찾아 동그라미 하세요.

1   listen | watch

2   draw | sound

3   paint | sing

4   picture | movie

5   comic book | song

6   draw | video game

C 알맞은 글자를 써서 단어를 완성하세요.

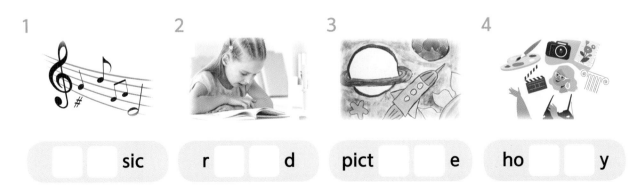

1   ☐ ☐ sic

2   r ☐ ☐ d

3   pict ☐ ☐ e

4   ho ☐ ☐ y

D 관련 있는 단어끼리 연결한 후, 단어를 따라 쓰세요.

sing •   • picture

read •   • movie

watch •   • comic book

draw •   • song

listen •   • music

E 빈칸에 알맞은 단어를 써서 문장을 완성하세요.

평소 자신이 좋아하는 활동을
〈I like to+동사〉를 써서 말
해 보세요.

I like to _____. 난 ~하는 걸 좋아해.

1 난 춤추는 걸 좋아해. → **I like to _____.**

2 난 노래 부르는 걸 좋아해. → **I like to _____ songs.**

3 난 영화 보는 걸 좋아해. → I like to _____ movies.

4 난 음악 듣는 걸 좋아해. → I like to _____ to music.

5 난 만화책 읽는 걸 좋아해. → I like to _____ comic books.

☐ **sport**
스포츠

☐ **baseball**
야구

☐ **throw**
던지다

☐ **catch**
잡다

☐ **hit**
치다, 때리다

☐ **bat**
(야구) 배트

☐ **soccer**
축구

☐ **kick**
(발로) 차다

☐ Step 5 문장에 알맞은 단어 넣기 🎧

Let's play _____. 우리 축구하자.

Let's ~는 '~하자'이고 play는 '(운동을)
하다'이므로 〈Let's play+운동〉은
'(~ 운동을) 하자'가 돼요.

basketball

☐ **basketball**
농구

race

☐ **race**
경주, 달리기 시합

tennis

☐ **tennis**
테니스

badminton

☐ **badminton**
배드민턴

☐ **team**
팀, 단체

team

together

☐ **together**
함께

win

☐ **win**
이기다

Tips!
· bat는 '야구 배트' 외에 '박쥐'라는 뜻도 있어요.
· play는 '놀다' 외에 '(운동 경기를) 하다'라는 뜻도 있어요.
· '축구'를 미국에서는 soccer, 유럽에서는 football이라고 해요.

Extra Words 🎧
medal 메달   court (테니스) 코트
football 미식축구   marathon 마라톤
partner 파트너

Practice

A 잘 듣고 알맞은 그림에 번호를 쓰세요.

B 그림에 알맞은 단어를 찾아 동그라미 하세요.

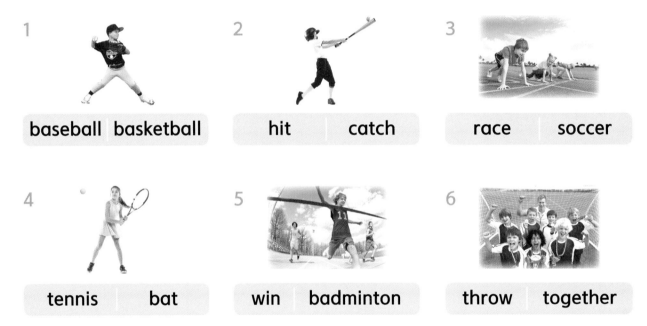

1
baseball | basketball

2
hit | catch

3
race | soccer

4
tennis | bat

5
win | badminton

6
throw | together

C 글자를 순서대로 써서 단어를 완성하세요.

1
t a b

2
k c k i

3
a m t e

4
p o s t r

D 우리말에 해당하는 단어를 찾아 동그라미하고 빈칸에 쓰세요.

r a k i w i n e t h r a c e o c a t c h u n
i t o g e t h e r t e a l a c e t h r o w r h i t e a

1 치다	2 이기다	3 경주

4 던지다	5 함께	6 잡다

E 빈칸에 알맞은 단어를 써서 문장을 완성하세요.

Let's play _____. 우리 ~하자.

Let's play 뒤에 운동 이름을 붙여서 어떤 운동을 같이 하자고 말해 보세요.

1 우리 야구하자. → Let's play _____ .

2 우리 축구하자. → Let's play _____ .

3 우리 농구하자. → Let's play _____

4 우리 테니스 치자. → Let's play _____

5 우리 배드민턴 치자. → _____

DAY 31 > 여가 활동

학습 날짜 [ ] 월 [ ] 일

- [ ] **piano**
  피아노

- [ ] **violin**
  바이올린

- [ ] **drum**
  드럼, 북

- [ ] **guitar**
  기타

- [ ] **ride**
  (자전거 등을) 타다

- [ ] **bike**
  자전거

- [ ] **skate**
  스케이트 타다

- [ ] **swim**
  수영하다

- [ ] Step 5 문장에 알맞은 단어 넣기 🎧

I can play the _____.

나는 피아노를 칠 수 있어.

 I can ~은 '나는 ~할 수 있어'라는 뜻으로, 뒤에 동사를 붙여요.

☐ **ski**
스키 타다

☐ **hike**
하이킹하다, 등산하다

ski

hike

camp

tent

fire

burn

☐ **camp**
캠핑하다

☐ **tent**
텐트

☐ **fire**
불

☐ **burn**
타다

hunt

☐ **hunt**
사냥하다

Tips!
· '자전거'는 bike 외에 bicycle이라고도 해요.
· '(악기를) 연주하다'는 play를 써요. 이때 악기 이름 앞에 the를 붙여요. play the piano 피아노를 연주하다

Extra Words 🎧
exercise 운동   **helmet** 헬멧
club 클럽, 동호회   **group** 무리, 그룹
member 멤버, 회원

Practice

A 잘 듣고 알맞은 그림에 번호를 쓰세요.

B 그림에 알맞은 단어를 찾아 동그라미 하세요.

1 violin | piano

2 drum | guitar

3 ski | skate

4 ride | tent

5 fire | camp

6 burn | hunt

C 알맞은 글자를 써서 단어를 완성하세요.

1 hi ☐ ☐

2 sw ☐ ☐

3 b ☐ k

4 h ☐ ☐ t

D 우리말에 해당하는 단어를 찾아 동그라미하고 빈칸에 쓰세요.

iadrumihuntguitareskyncamp
rtyridskicamtentomfireau

1 텐트

2 드럼

3 스키 타다

4 불

5 캠핑하다

6 기타

E 빈칸에 알맞은 단어를 써서 문장을 완성하세요.

〈I can+동사〉로 내가 할 수
있는 활동을 말해 보세요.

I can _____. 나는 ~할 수 있어.

1 나는 수영할 수 있어. → I can _____ .

2 나는 스케이트 탈 수 있어. → I can _____ .

3 나는 스키 탈 수 있어. → I can _____

4 나는 피아노를 칠 수 있어. → I can play the _____

5 나는 자전거를 탈 수 있어. → I can ride a _____

학습 날짜 □ 월 □ 일

☐ **car**
자동차

☐ **taxi**
택시

car · taxi

☐ **bus**
버스

☐ **truck**
트럭

bus · truck

☐ **train**
기차

☐ **subway**
지하철

train · subway

☐ **airplane**
비행기

airplane

☐ Step 5 문장에 알맞은 단어 넣기 🎧

Let's take a _____. 우리 버스를 타자.

교통수단을 '타다'는 동사 take로 표현해요. 따라서 Let's take ~는 '우리 ~를 타자'라는 뜻이에요.

boat

☐ **boat**
배, 보트

ship

☐ **ship**
배

drive

☐ **drive**
운전하다

stop

☐ **stop**
멈추다

road

☐ **road**
도로, 길

street

☐ **street**
거리, 도로

way

☐ **way**
길

take

☐ **take**
(교통수단을) 타다

Tips!
- road는 보통 차가 다니는 '큰 도로'를 뜻해요.
- street는 road보다 작은 '도로'이고 양쪽에 건물이 있어요.
- way는 '길' 외에 '방법'이라는 뜻으로도 많이 쓰여요.

Extra Words 🎧
- ticket 표, 티켓
- arrive 도착하다
- station 정류장
- speed 속도
- miss 놓치다, 그리워하다

Practice

A 잘 듣고 알맞은 그림에 번호를 쓰세요.

B 그림에 알맞은 단어를 찾아 동그라미 하세요.

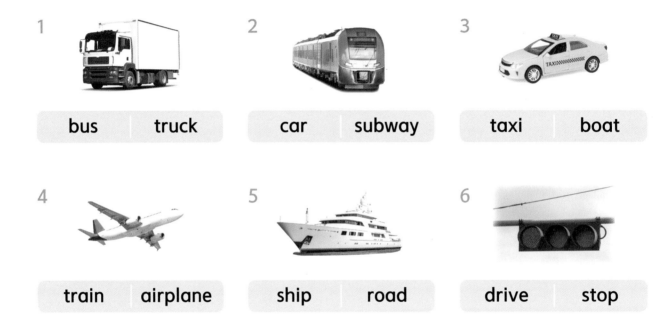

1 bus | truck

2 car | subway

3 taxi | boat

4 train | airplane

5 ship | road

6 drive | stop

C 글자를 순서대로 써서 단어를 완성하세요.

1　　　　2　　　　3　　　　4

r a c　　　d o a r　　　y a w　　　t a i r n

D 각 단어를 관련 있는 곳에 쓰세요.

boat   bus   airplane   ship   taxi

땅	바다	하늘
_____	_____	_____
_____	_____	_____

E 빈칸에 알맞은 단어를 써서 문장을 완성하세요.

Let's take ~에 교통수단을 넣어 '우리 ~를 타자'라고 말해 보세요.

Let's take a _____. 우리 ~를 타자.

1 우리 택시를 타자.   →   Let's take a _____.

2 우리 지하철을 타자.   →   Let's take the _____.

3 우리 버스를 타자.   →   Let's take a

4 우리 비행기를 타자.   →   Let's take an

5 우리 기차를 타자.   →   _____

잘 듣고 해당하는 그림을 찾은 다음, 단어를 연결하세요.

1		hit
2		listen
3		throw
4		comic book
5		paint
6		drum
7		airplane
8		tennis
9		hike
10		bus

B 단어를 읽고 알맞은 그림의 번호를 쓰세요.

bat		read		sing		bike	

road		train		fire		picture	

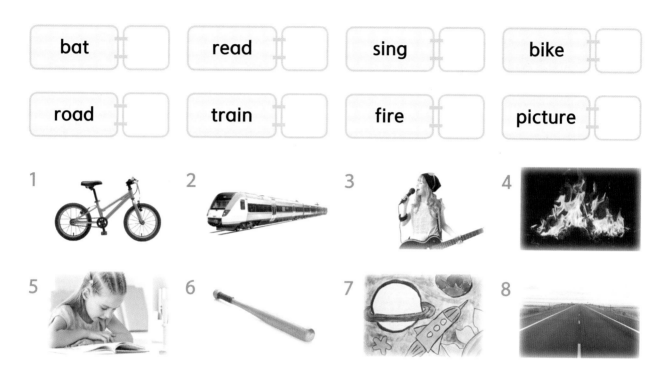

C 우리말에 해당하는 단어를 써서 퍼즐을 완성하세요.

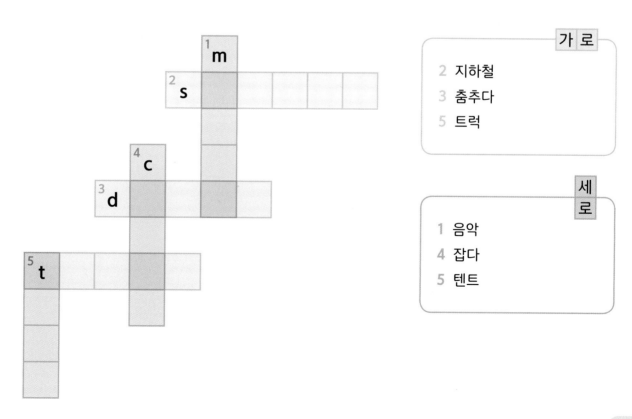

가 로

2 지하철
3 춤추다
5 트럭

세 로

1 음악
4 잡다
5 텐트

잘 듣고 알맞은 단어를 써서 문장을 완성하세요.

1  I like to _____ movies.

2  I like to _____ pictures.

3 Let's play _____ .

4 Let's play _____ .

5  I can _____ .

6  I can play the _____ .

7  Let's take a _____ .

8  Let's take a _____ .

빈칸에 영어 단어 또는 우리말 뜻을 쓰세요.

	소리	skate	
	노래하다		스키 타다
watch		ride	
video game			캠핑하다
	취미	burn	
	스포츠	hunt	
	치다, 때리다		자동차
	(발로) 차다	taxi	
badminton			기차
	팀, 단체	ship	
together		drive	
race			멈추다
	이기다	way	
	피아노	street	
guitar			(교통수단을) 타다

학습 날짜 [   ] 월 [   ] 일

☐ **in**
~ 안에

☐ **out**
~ 밖에, ~ 밖으로

☐ **on**
~ 위에

☐ **under**
~ 아래에

☐ **above**
~ 위에

☐ **over**
~ 위에, ~ 위로

☐ **in front of**
~ 앞에

☐ **behind**
~ 뒤에

in

on / under

above / over

in front of / behind

☐ **Step 5** 문장에 알맞은 단어 넣기 🎧

It's _____ the box.

그것은 상자 안에 있어.

in the box(상자 안에), on the box(상자 위에)처럼 위치를 나타내는 표현을 사용해 봐요.

168

next to

around

- [ ] **next to**
  ~ 옆에

- [ ] **around**
  ~ 주위에

- [ ] **between**
  ~ 사이에

between

- [ ] **top**
  맨 위, 꼭대기

- [ ] **middle**
  중앙, 가운데

top

middle

bottom

- [ ] **bottom**
  맨 아래

box

- [ ] **box**
  상자

Tips!
- on은 위에 붙어 있는 것이고, above는 '위쪽'에 있는 거예요.
  붙어 있지 않을 때는 on이 아니라 above를 사용해요.
- over는 뭔가를 덮고 있거나 뭔가를 넘어서 이동하는 느낌이에요.

Extra Words 🎧
at ~에	**below** ~ 아래에
along ~을 따라	**beside** ~ 옆에
against ~에 반대하여[맞서]	

Practice

A 잘 듣고 알맞은 그림에 번호를 쓰세요.

B 그림에 알맞은 단어를 찾아 동그라미 하세요.

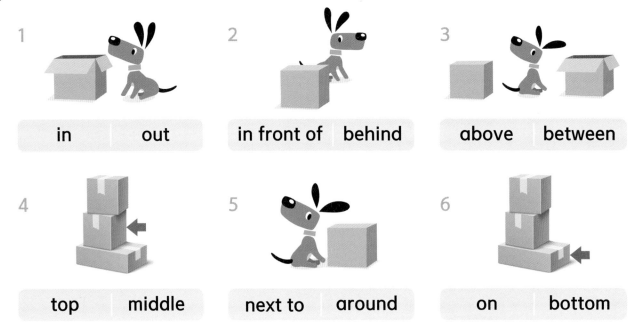

1 in | out

2 in front of | behind

3 above | between

4 top | middle

5 next to | around

6 on | bottom

C 알맞은 글자를 써서 단어를 완성하세요.

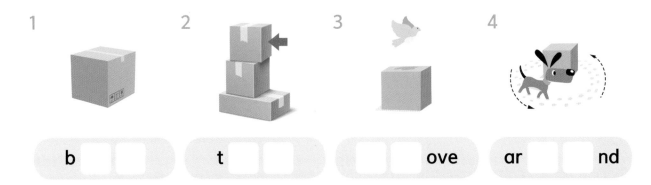

1 b ☐ ☐

2 t ☐ ☐

3 ☐ ☐ ove

4 ar ☐ ☐ nd

D 너구리의 위치를 나타내는 단어를 쓰세요.

under   behind   on   over   between   in front of

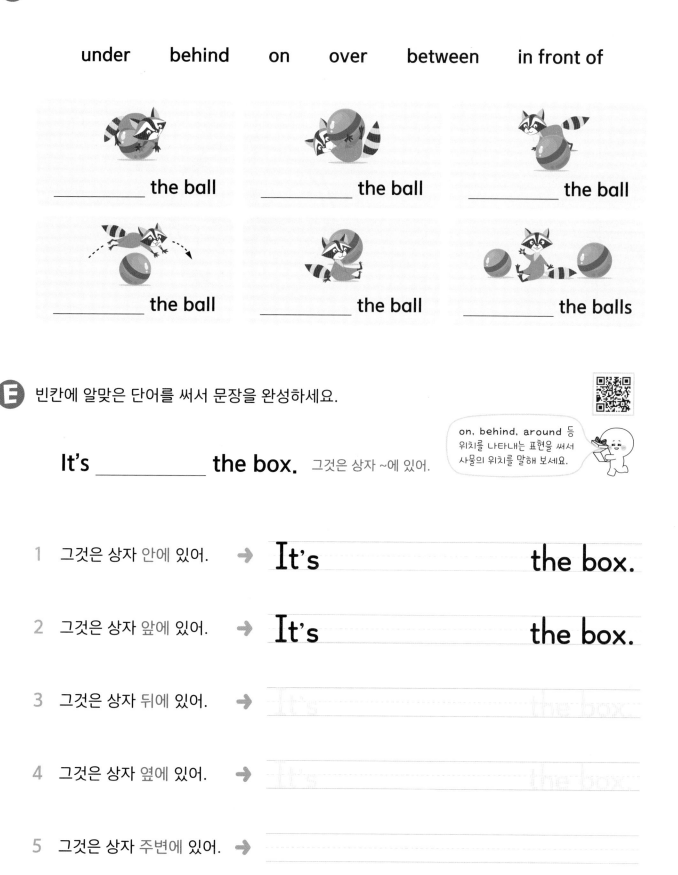

_____ the ball

_____ the ball

_____ the ball

_____ the ball

_____ the ball

_____ the balls

E 빈칸에 알맞은 단어를 써서 문장을 완성하세요.

on, behind, around 등 위치를 나타내는 표현을 써서 사물의 위치를 말해 보세요.

It's _____ the box.   그것은 상자 ~에 있어.

1   그것은 상자 안에 있어.   →   It's _____ the box.

2   그것은 상자 앞에 있어.   →   It's _____ the box.

3   그것은 상자 뒤에 있어.   →   It's _____ the box.

4   그것은 상자 옆에 있어.   →   It's _____ the box.

5   그것은 상자 주변에 있어.   →   _____

☐ **east**
동쪽(으로)

☐ **west**
서쪽(으로)

☐ **south**
남쪽(으로)

☐ **north**
북쪽(으로)

☐ **turn**
돌다

☐ **left**
왼쪽(으로)

☐ **right**
오른쪽(으로)

☐ Step 5 문장에 알맞은 단어 넣기 🎧

Go _____. 동쪽으로 가.

Turn _____. 오른쪽으로 돌아.

 go는 '가다', turn은 '돌다'예요.
뒤에 방향을 나타내는 말을 붙여서
어디로 가라고 말해 보세요.

map

☐ **map**
지도

cross

☐ **cross**
건너다

pass

☐ **pass**
지나가다, 통과하다

return

☐ **return**
돌아오다

near

☐ **near**
가까이, 가까운

far

☐ **far**
멀리

here

☐ **here**
여기에

there

☐ **there**
거기에

Tips!
- right은 '오른쪽' 외에 '맞은', '옳은'이라는 뜻도 있어요.
- pass는 '지나가다' 외에 '통과하다', '합격하다'라는 뜻도 있어요.
- '동서남북'을 영어로는 north, south, east, and west라고 해요.

Extra Words 🎧

center 중심	corner 모퉁이
bridge 다리	across 가로질러
side 옆, 측면	

173

Practice

A 잘 듣고 알맞은 그림에 번호를 쓰세요.

  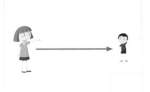 

B 그림에 알맞은 단어를 찾아 동그라미 하세요.

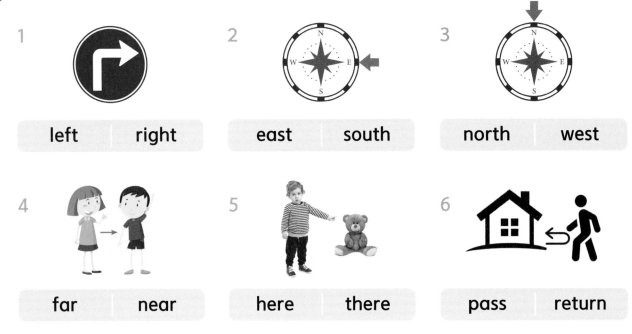

1 left | right

2 east | south

3 north | west

4 far | near

5 here | there

6 pass | return

C 글자를 순서대로 써서 단어를 완성하세요.

1 a m p

2 s p a s

3 s o c r s

4 h e t r e

D 우리말에 해당하는 단어를 찾아 동그라미하고 빈칸에 쓰세요.

p a t i h e r e k s t f a r o r e a s t n o r t h e
e r p a s s o r e t n e a r a t u r n u r s e m a p

1 멀리	2 가까이	3 여기에

4 돌다	5 지나가다	6 동쪽

E 빈칸에 알맞은 단어를 써서 문장을 완성하세요.

Go 뒤에 north/south/east/ west를 넣고, Turn 뒤에 right/ left를 넣어 길 안내를 해 보세요.

Go _____. ~으로 가.
Turn _____. ~으로 돌아.

1 북쪽으로 가.　➡　Go _____ .

2 남쪽으로 가.　➡　Go _____ .

3 서쪽으로 가.　➡　Go

4 오른쪽으로 돌아.　➡　Turn

5 왼쪽으로 돌아.　➡

☐ **baby**
아기

☐ **little**
작은, 어린

☐ **child**
아이, 어린이

☐ **kid**
아이

☐ **adult**
어른

☐ **boy**
남자아이

☐ **girl**
여자아이

☐ Step 5 문장에 알맞은 단어 넣기 🎧

Who is the _____ **?** 저 남자는 누구야?

Who is ~?는 어떤 사람이 누구인지 묻는 표현이에요.

man

woman

☐ **man**
(성인) 남자

☐ **woman**
(성인) 여자

lady

gentleman

☐ **lady**
여성, 숙녀

☐ **gentleman**
신사

couple

people

☐ **couple**
커플, 부부

☐ **people**
사람들

who

why

☐ **who**
누구, 누가

☐ **why**
왜

Tips!
· child보다 kid가 좀 더 친근한 표현이에요.
· child의 복수형은 children이에요.
· man과 woman의 복수형은 각각 men과 women이에요.

Extra Words 🎧
introduce 소개하다   welcome 환영하다
remember 기억하다   forget 잊다
guess 추측하다

177

Practice

A 잘 듣고 알맞은 그림에 번호를 쓰세요.

B 그림에 알맞은 단어를 찾아 동그라미 하세요.

1

| man | woman |

2

| boy | girl |

3

| lady | gentleman |

4

| kid | baby |

5

| child | adult |

6
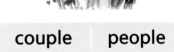

| couple | people |

C 알맞은 글자를 써서 단어를 완성하세요.

1   2   3   4

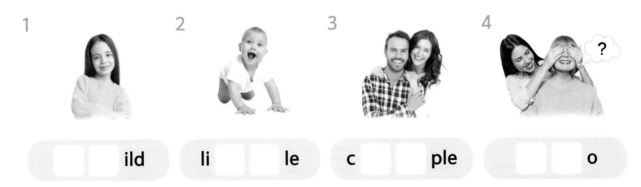

| | | ild | | li | | le | | c | | ple | | | o |

D 각 단어를 해당하는 곳에 쓰세요.

boy   man   lady   woman   gentleman   girl

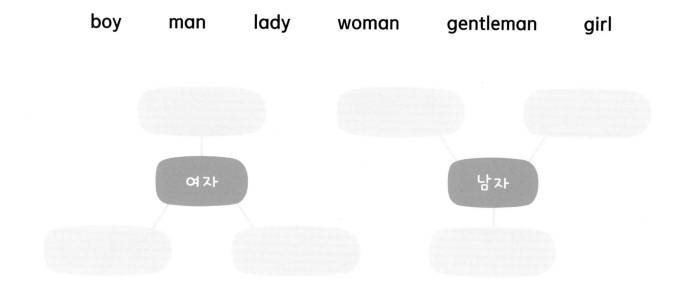

여자

남자

E 빈칸에 알맞은 단어를 써서 문장을 완성하세요.

Who is ~?를 써서 그 사람
이 누구인지 물어보세요.

Who is the _____?   저 ~는 누구야?

1   저 아기는 누구야?   →   Who is the   ?

2   저 남자는 누구야?   →   Who is the   ?

3   저 여자는 누구야?   →   Who is the   ?

4   저 여자아이는 누구야?   →   Who is the   ?

5   저 남자아이는 누구야?   →

DAY 36 ▶ 직업

학습 날짜 [   ]월 [   ]일

☐ **singer**
가수

☐ **chef**
요리사

singer   chef

☐ **actor**
배우

☐ **actress**
여배우

actor   actress

☐ **doctor**
의사

☐ **nurse**
간호사

doctor   nurse

☐ **firefighter**
소방관

☐ **police officer**
경찰

firefighter   police officer

☐ Step 5 문장에 알맞은 단어 넣기 🎧

I want to be a _____.

180   나는 가수가 되고 싶어.

I want to be ~는 '나는 ~가 되고 싶어'라는 뜻으로, 장래 희망을 말할 때 사용할 수 있어요.

☐ **model**
모델

designer

☐ **designer**
디자이너

model

☐ **pilot**
조종사

pilot

☐ **dentist**
치과 의사

☐ **scientist**
과학자

dentist

scientist

☐ **job**
직업

job

goal

☐ **goal**
목표

Tips!
• chef는 '(호텔, 식당 등의) 전문 요리사'이고, cook은 일상에서 '요리하는 사람, 요리사'를 뜻해요.
• actor는 남녀 상관없이 '배우'를 가리키고, actress는 '여배우'를 가리켜요.

Extra Words 🎧

life 인생, 삶   **chance** 기회
future 미래   **business** 사업
programmer 프로그래머

Practice

A 잘 듣고 알맞은 그림에 번호를 쓰세요.

B 그림에 알맞은 단어를 찾아 동그라미 하세요.

1

nurse | singer

2

actor | actress

3

doctor | pilot

4

model | designer

5

scientist | dentist

6

chef | firefighter

C 글자를 순서대로 써서 단어를 완성하세요.

1

b o j

2

t o c d o r

3

n i s g r e

4

c f e h

D 우리말에 해당하는 단어를 찾아 동그라미하고 빈칸에 쓰세요.

c e j o d e n t i s t b o a c t o r i n m o d e l i k e
o r e p i l o t s i s o g o a l e a r n a c j o b s s o n

1 배우	2 직업	3 모델

4 조종사	5 치과 의사	6 목표

E 빈칸에 알맞은 단어를 써서 문장을 완성하세요.

I want to be ~로 자신의 장래 희망을 말해 보세요.

I want to be a _____ . 나는 ~가 되고 싶어.

1 나는 과학자가 되고 싶어. → **I want to be a** _____ .

2 나는 간호사가 되고 싶어. → **I want to be a** _____ .

3 나는 경찰이 되고 싶어. → I want to be a

4 나는 소방관이 되고 싶어. → I want to be a

5 나는 디자이너가 되고 싶어. → _____

A 잘 듣고 해당하는 그림을 찾은 다음, 단어를 연결하세요.

1 • • east

2 • • between

3 • • there

4 • • above

5 • • in front of

6 • • boy

7 • • child

8 • • actress

9 • • police officer

10 • • doctor

B 단어를 읽고 알맞은 그림의 번호를 쓰세요.

map [ ]   top [ ]   west [ ]   baby [ ]

dentist [ ]   scientist [ ]   chef [ ]   around [ ]

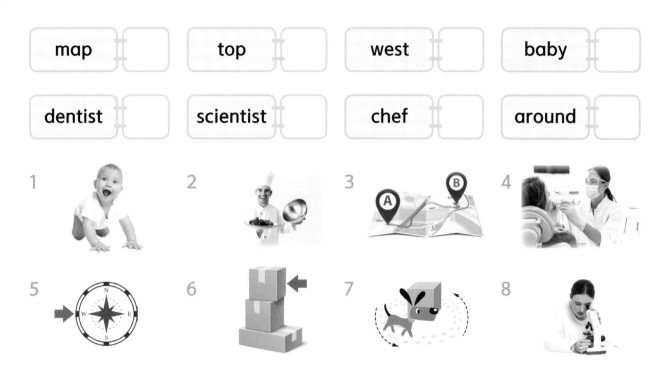

1   2   3   4

5   6   7   8

C 우리말에 해당하는 단어를 써서 퍼즐을 완성하세요.

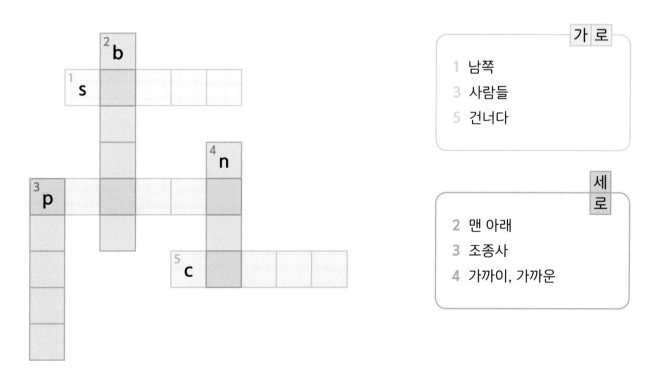

가 로

1 남쪽
3 사람들
5 건너다

세 로

2 맨 아래
3 조종사
4 가까이, 가까운

1  It's   the box.

2 It's   the box.

3  Go   .

4 Turn   .

5 Who is the   ?

6 Who is the   ?

7  I want to be a   .

8 I want to be a   .

E 빈칸에 영어 단어 또는 우리말 뜻을 쓰세요.

	~ 밖에, ~ 밖으로	kid	
on			(성인) 여자
under		adult	
over		gentleman	
	~ 옆에	couple	
	중앙, 가운데		누구, 누가
bottom		why	
	상자	actress	
	왼쪽(으로)		간호사
turn		firefighter	
	지나가다, 통과하다		모델
return		designer	
	멀리		치과 의사
here			직업
	작은, 어린		목표

☐ **market**
시장, 슈퍼마켓

☐ **buy**
사다

☐ **sell**
팔다

☐ **money**
돈

☐ **pay**
지불하다

☐ **wait**
기다리다

☐ **line**
줄

☐ **Step 5** 문장에 알맞은 단어 넣기 🎧

I will ＿＿＿＿＿ **it.** 나는 그것을 살 거야.

I will ~은 미래에 '나는 ~할 거야'
라는 뜻으로, 뒤에는 buy, sell 같은
동사를 써요.

store

shopping

☐ **store**
가게

☐ **shopping**
쇼핑

show

choose

☐ **show**
보여 주다

☐ **choose**
선택하다, 고르다

try

cheap

☐ **try**
노력하다, 해 보다

☐ **cheap**
(값이) 싼

free

save

☐ **free**
무료의, 자유로운

☐ **save**
저축하다, 절약하다

Tips!
· **try**는 '먹어 보다', '입어 보다'처럼 뭔가를 시도해 본다는
  뜻이에요. '(옷을) 입어 보다'라고 할 때는 **try on**을 써요.
· **free**는 '무료의' 외에 '자유로운, 한가한'이라는 뜻도 있어요.

Extra Words 🎧

size 크기	**sale** 세일
cash 현금	**bill** 계산서
cost 비용, (비용이) 들다	

189

Practice

A 잘 듣고 알맞은 그림에 번호를 쓰세요.

B 그림에 알맞은 단어를 찾아 동그라미 하세요.

1   market | money

2   buy | line

3   free | cheap

4   show | pay

5   wait | choose

6   save | shopping

C 알맞은 글자를 써서 단어를 완성하세요.

1 ⬜ ⬜ ow

2 li ⬜ ⬜

3 ⬜ o ⬜ ey

4 ⬜ ⬜ ee

D 우리말에 해당하는 단어를 찾아 동그라미하고 빈칸에 쓰세요.

echooseeatpayisafeaselastore
monamarketacheapirsaveco

1 가게

2 시장

3 선택하다

4 (값이) 싼

5 저축하다

6 지불하다

E 빈칸에 알맞은 단어를 써서 문장을 완성하세요.

I will 뒤에 동사를 붙여서 내가 앞으로 하려는 행동을 말해 보세요.

I will _____. 나는 ~할 거야.

1 나는 그것을 팔 거야. → I will   it.

2 나는 그것을 살 거야. → I will   it.

3 나는 그것을 먹어 볼래.
  (시도해 볼래.) → I will   it.

4 나는 여기서 기다릴게. → I will   here.

5 내가 너에게 보여 줄게. → I will   your

☐ **story**
이야기

☐ **king**
왕

☐ **queen**
여왕, 왕비

☐ **prince**
왕자

☐ **princess**
공주

☐ **love**
사랑, 사랑하다

☐ **kiss**
키스하다

☐ Step 5 문장에 알맞은 단어 넣기 🎧

The _____ was happy.

왕은 행복했어요.

was는 is의 과거형이에요.
The king is happy. 왕은 행복해요.
The king was happy. 왕은 행복했어요.

marry

ring

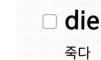

die

witch

hate

war   fight

☐ **marry**
결혼하다

☐ **live**
살다

☐ **ring**
반지

☐ **die**
죽다

☐ **witch**
마녀

☐ **hate**
미워하다, 싫어하다

☐ **war**
전쟁

☐ **fight**
싸우다

Tips!
- hate는 몹시 싫어하거나 증오하는 느낌이에요.
- '결혼반지'는 wedding ring이라고 해요.

Extra Words 🎧
god 신   human 인간
hero 영웅   kill 죽이다
wedding 결혼(식)

193

Practice

A 잘 듣고 알맞은 그림에 번호를 쓰세요.

B 그림에 알맞은 단어를 찾아 동그라미 하세요.

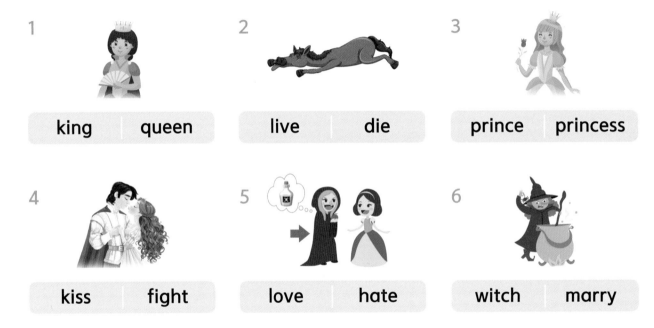

1

king | queen

2

live | die

3

prince | princess

4

kiss | fight

5

love | hate

6

witch | marry

C 글자를 순서대로 써서 단어를 완성하세요.

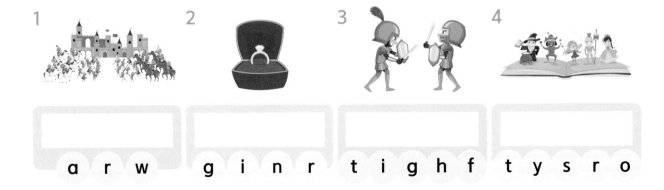

1

2

3

4

a r w   g i n r   t i g h f   t y s r o

D 뜻이 반대되는 단어를 찾아서 쓰세요.

live   queen   love   princess   die   hate

king ⟷ _____   prince ⟷ _____

_____ ⟷ _____   _____ ⟷ _____

E 빈칸에 알맞은 단어를 써서 문장을 완성하세요.

was 앞에 동화책 인물들을 넣어서 문장을 만들어 봐요. happy(행복한) 외에 sad (슬픈)도 이용해 보세요.

The _____ was happy.   ~는 행복했어요.
The _____ was sad.   ~는 슬펐어요.

1 왕비는 행복했어요.   →   The _____ was happy.

2 왕은 슬펐어요.   →   The _____ was sad.

3 마녀는 행복했어요.   →   The _____ was happy.

4 왕자는 슬펐어요.   →   The _____ was sad.

5 공주는 행복했어요.   →   _____

학습 날짜 [   ] 월 [   ] 일

☐ **Monday**
월요일

☐ **Tuesday**
화요일

☐ **Wednesday**
수요일

☐ **Thursday**
목요일

☐ **Friday**
금요일

☐ **Saturday**
토요일

☐ **Sunday**
일요일

Monday
Tuesday
Wednesday
Thursday
Friday
Saturday
Sunday

☐ **Step 5** 문장에 알맞은 단어 넣기 🎧

A: **What day is it today?** 오늘 무슨 요일이야?

B: **It's** _____. 월요일이야.

What day is it today?는 요일을 묻는 표현이에요. It's ~에 요일을 넣어서 대답하면 돼요.

company

☐ **company**
회사

office

☐ **office**
사무실

work

☐ **work**
일하다

busy

☐ **busy**
바쁜

computer

☐ **computer**
컴퓨터

print

☐ **print**
인쇄하다

check

☐ **check**
확인하다

send

☐ **send**
보내다

Tips!
· 요일 이름은 Monday처럼 첫 글자를 항상 대문자로 써요.
  또한 Mon.(월요일), Sun.(일요일)처럼 줄여서 쓰기도 해요.
· print에 ~er을 붙인 printer는 '인쇄기, 프린터'라는 뜻이에요.

Extra Words 🎧
discuss 의논하다   **agree** 동의하다
decide 결정하다   **fail** 실패하다
problem 문제

Practice

A 잘 듣고 알맞은 그림에 번호를 쓰세요.

SUN	MON	TUE	WED	THU	FRI	SAT
18	19	20	21	22	23	24

B 그림에 알맞은 단어를 찾아 동그라미 하세요.

1 company Friday

2 print company

3 busy office

4 send check

5 computer Tuesday

6 print send

C 알맞은 글자를 써서 단어를 완성하세요.

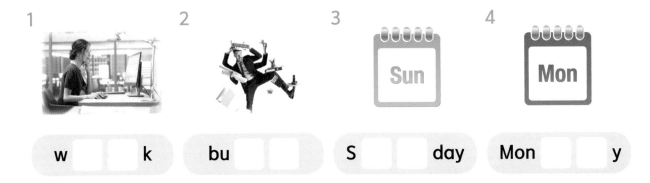

1 w ☐ ☐ k

2 bu ☐ ☐

3 S ☐ ☐ day

4 Mon ☐ ☐ y

D 우리말에 해당하는 단어를 찾아 동그라미하고 빈칸에 쓰세요.

f e s e n d o n c o m p u t e r i n c o m p a n y o
u p r i n t o n e c h e c k e p a o f f i c e a v e

1 회사	2 컴퓨터	3 사무실

4 보내다	5 확인하다	6 인쇄하다

E 빈칸에 알맞은 단어를 써서 문장을 완성하세요.

What day is it today?로 요일을 묻고, It's ~로 무슨 요일인지 대답해 보세요.

A: **What day is it today?** 오늘 무슨 요일이야?

B: **It's** _____. ~요일이야.

1 금요일이야. → It's _____.

2 화요일이야. → It's _____.

3 목요일이야. → It's

4 토요일이야. → It's

5 수요일이야. →

☐ **only**
유일한, 단 하나의

☐ **some**
조금, 약간의

☐ **many**
(수가) 많은

☐ **enough**
충분한

☐ **much**
(양이) 많은

☐ **both**
둘 다

☐ **same**
같은

☐ **different**
다른

☐ Step 5 문장에 알맞은 단어 넣기 🎧

There are _____ apples.

사과가 많이 있어.

There is/are ~는 '~가 있다'예요. 한 개가 있으면 There is ~, 여러 개가 있으면 There are ~를 써요.

☐ **these**
이것들

☐ **those**
저것들

these _those_

all

☐ **all**
모든

☐ **every**
모든

every

☐ **always**
항상

always
often

100%

☐ **often**
종종, 자주

0%

never

☐ **never**
결코 ~ 않다

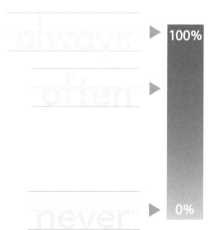

Tips!

• many는 셀 수 있는 단어 앞에 쓰고, much는 셀 수 없는 단어 앞에
  써요. **many apples** 많은 사과들 **much water** 많은 물
• same은 보통 **the same**의 형태로 써요.
• these/those는 this/that의 복수형이에요.

201

Practice

A 잘 듣고 알맞은 그림에 번호를 쓰세요.

B 그림에 알맞은 단어를 찾아 동그라미 하세요.

1   only   all

2   some   many

3   same   different

4   enough   much

5   these   those

6   only   same

C 글자를 순서대로 써서 단어를 완성하세요.

1   e t s h e

2   t o b h

3   l a l

4   e r n v e

D 우리말에 해당하는 단어를 찾아 동그라미하고 빈칸에 쓰세요.

o n e v e r y m a b o a l w a y s h e t h e s e n e
v e o f t e n d i f f e r e n t i e t h o s e m a

1 이것들	2 종종, 자주	3 항상

4 다른	5 모든	6 저것들

E 빈칸에 알맞은 단어를 써서 문장을 완성하세요.

> There are ~ 또는 These/Those are ~를 이용해 수량과 상태를 표현해 봐요.

There are _____ apples. 사과가 ~ 있어.
These/Those are _____. 이것들/저것들은 ~해.

1 사과가 조금 있어. → There are _____ apples.

2 사과가 충분히 있어. → There are _____ apples.

3 사과가 많이 있어. → There are apples.

4 이것들은 똑같아. → These are the

5 저것들은 달라. → Those are

잘 듣고 해당하는 그림을 찾은 다음, 단어를 연결하세요.

1   •   •   pay

2   •   •   try

3   •   •   love

4   •   •   sell

5   •   •   king

6   •   •   Monday

7   •   •   those

8   •   •   fight

9   •   •   different

10   •   •   company

B 단어를 읽고 알맞은 그림의 번호를 쓰세요.

witch		ring		busy		save	

only		store		office		princess	

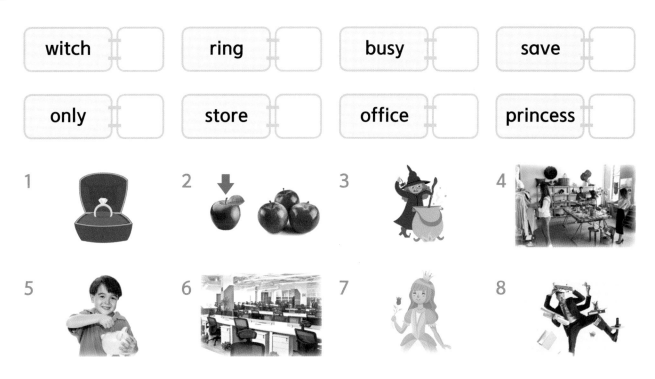

1 2 3 4

5 6 7 8

C 우리말에 해당하는 단어를 써서 퍼즐을 완성하세요.

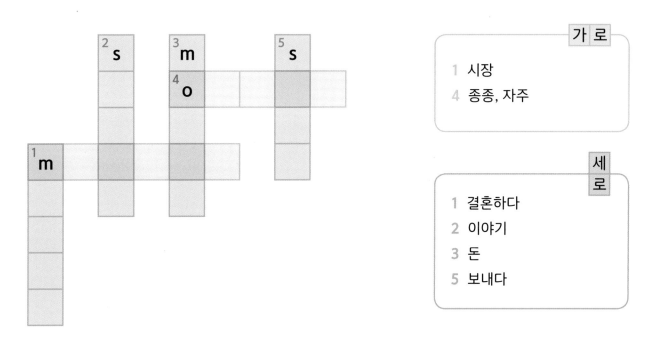

²s ³m ⁵s
⁴o
¹m

가 로

1 시장
4 종종, 자주

세 로

1 결혼하다
2 이야기
3 돈
5 보내다

205

D 잘 듣고 알맞은 단어를 써서 문장을 완성하세요.

1  I will _____ it.

2  I will _____ here.

3 The _____ was happy.

4 The _____ was happy.

5 It's _____ .

6 It's _____ .

7 There are _____ apples.

8  There are _____ apples.

E 빈칸에 영어 단어 또는 우리말 뜻을 쓰세요.

	돈		목요일
line		Saturday	
shopping			일하다
	보여 주다	computer	
choose			인쇄하다
cheap		check	
	무료의, 자유로운		유일한, 단 하나의
	미워하다, 싫어하다	much	
kiss		enough	
	살다		둘 다
	반지		같은
	죽다	these	
	전쟁	all	
Tuesday		always	
Wednesday			결코 ~ 않다

Practice & Review 정답

p.10
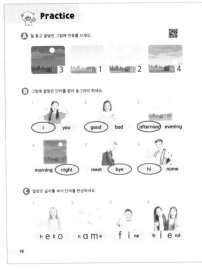

p.11

1. 너 you
2. 만나다 meet
3. 나쁜 bad
4. 아침 morning
5. 이름 name
6. 친구 friend

1 안녕! (아침 인사) → Good morning !
2 잘 자! (밤 인사) → Good night !
3 안녕! (오후 인사) → Good afternoon !
4 잘 가! (헤어질 때 인사) → Good bye !
5 안녕! (저녁 인사) → Good evening!

p.14

p.15

1 그는 나의 형이야. → He is my brother .
2 그녀는 나의 엄마야. → She is my mom/mother .
3 그는 나의 할아버지야. → He is my grandpa .
4 그녀는 나의 할머니야. → She is my grandma .
5 그는 나의 삼촌이야. → He is my uncle.

p.18
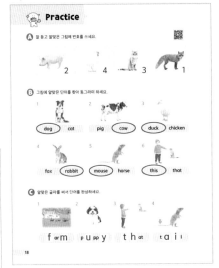

p.19
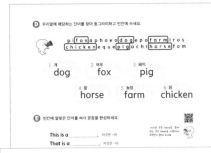
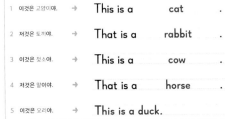

1. 개 dog
2. 여우 fox
3. 돼지 pig
4. 말 horse
5. 농장 farm
6. 닭 chicken

1 이것은 고양이야. → This is a cat .
2 저것은 토끼야. → That is a rabbit .
3 이것은 젖소야. → This is a cow .
4 저것은 말이야. → That is a horse .
5 이것은 오리야. → This is a duck.

p.22

p.23

1. 벌 bee
2. 호랑이 tiger
3. 동물 animal
4. 새 bird
5. 장미 rose
6. 나무 tree

A. What's this?
B: It's a ____.

1 그건 곰이야. → It's a bear .
2 그건 원숭이야. → It's a monkey .
3 그건 코끼리야. → It's an elephant .
4 그건 사자야. → It's a lion .
5 그건 장미야. → It's a rose.

p.24
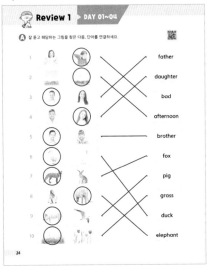

210

p.25

B 단어를 읽고 알맞은 그림의 번호를 쓰세요.

| cat | 6 | horse | 3 | hello | 5 | mom | 7 |
| name | 8 | evening | 4 | tiger | 1 | flower | 2 |

C 우리말에 해당하는 단어를 써서 퍼즐을 완성하세요.

가로
1 곰
2 가족
3 사자

세로
1 동물
2 농장
3 강아지

(b e a r / p u p p y / n i / a n i m a l / f a m i l y / a / t i o n / f a r m)

25

---

 p.26

D 잘 듣고 알맞은 단어를 써서 문장을 완성하세요.

1 Good **morning** !
2 Good **night** !
3 He is my **uncle** .
4 She is my **grandma** .
5 This is a **cow** .
6 That is a **rabbit** .
7 A: What's this? B: It's a **bee** .
8 A: What's this? B: It's a **monkey** .

26

---

p.27

E 빈칸에 영어 단어 또는 우리말 뜻을 쓰세요.

I	나	dog	개
friend	친구	pig	돼지
name	이름	duck	오리
meet	만나다	mouse	쥐
hi	안녕 (만날 때)	tail	꼬리
bye	잘 가, 안녕 (헤어질 때)	this	이것
fine	(안부) 좋은	that	저것
you	너	zoo	동물원
afternoon	오후	fly	날다
evening	저녁	bird	새
aunt	이모, 고모, 숙모	flower	꽃
grandpa	할아버지	rose	장미
daughter	딸	tree	나무
my	나의	what	무엇
your	너의	grass	잔디, 풀

27

---

 p.30

🐷 Practice

A 잘 듣고 알맞은 그림에 번호를 쓰세요.

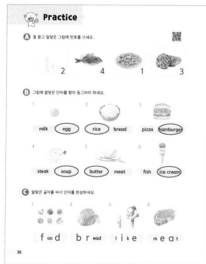

2   4   1   3

B 그림에 알맞은 단어를 찾아 동그라미 하세요.

1 milk / (egg) / rice / bread
2 pizza / (hamburger)
4 steak / (soup) / (butter) / meat
5 fish / (ice cream)

C 알맞은 글자를 써서 단어를 완성하세요.

1 f **oo** d
2 b r **ea** d
3 l i k e
4 m **ea** t

30

---

p.31

D 우리말에 해당하는 단어를 찾아 동그라미하고 빈칸에 쓰세요.

pizasri **cheese** ar **soup** a **egg** k
butter eto **rice** po **hamburger** e

1 수프 **soup**
2 쌀, 밥 **rice**
3 계란 **egg**
4 치즈 **cheese**
5 버터 **butter**
6 햄버거 **hamburger**

E 빈칸에 알맞은 단어를 써서 문장을 완성하세요.

I like _____ . 나는 ~를 좋아해.

1 나는 빵을 좋아해.	→	I like	bread	.
2 나는 피자를 좋아해.	→	I like	pizza	.
3 나는 우유를 좋아해.	→	I like	milk	.
4 나는 스테이크를 좋아해.	→	I like	steak	.
5 나는 생선을 좋아해.	→	I like fish.		

 **p.34**

🐷 Practice

A 잘 듣고 알맞은 그림에 번호를 쓰세요.

4   2   1   3

B 그림에 알맞은 단어를 찾아 동그라미 하세요.

1 banana / (tomato)
2 apple / (grape)
3 potato / (watermelon)
4 (strawberry) / carrot
5 juice / (sandwich)
6 fruit / (vegetable)

C 글자를 순서대로 써서 단어를 완성하세요.

1 jam (m a j)
2 salad (d a l a s)
3 fruit (i t f r u u)
4 juice (j i c e)

34

 **p.35**

D 각 단어를 해당하는 곳에 쓰세요.

orange   carrot   apple   grape   potato

fruit
orange
apple
grape

vegetable
carrot
potato

E 빈칸에 알맞은 단어를 써서 문장을 완성하세요.

I don't like _____ . 나는 ~를 좋아하지 않아.

1 나는 토마토를 안 좋아해.	→	I don't like	tomatoes	.
2 나는 수박을 안 좋아해.	→	I don't like	watermelons	.
3 나는 딸기를 안 좋아해.	→	I don't like	strawberries	.
4 나는 샌드위치를 안 좋아해.	→	I don't like	sandwiches	.
5 나는 채소를 안 좋아해.	→	I don't like vegetables.		

---

p.38

🐷 Practice

A 잘 듣고 알맞은 그림에 번호를 쓰세요.

2   4   3   1

B 그림에 알맞은 단어를 찾아 동그라미 하세요.

1 (happy) / sad
2 smile / (cry)
3 bored / (excited)
4 (angry) / glad
5 (funny) / lucky
6 surprised / (worried)

C 알맞은 글자를 써서 단어를 완성하세요.

1 f **ee** l
2 l u c k y
3 a f r **ai** d
4 s u r **prised**

38

---

p.39

D 우리말에 해당하는 단어를 찾아 동그라미하고 빈칸에 쓰세요.

criga **funny** glo **cry** hap **bored** of
umoba **smile** aris **happy** oun **glad** i

1 울다 **cry**
2 행복한 **happy**
3 웃기는 **funny**
4 미소 짓다 **smile**
5 지루한 **bored**
6 기쁜 **glad**

E 빈칸에 알맞은 단어를 써서 문장을 완성하세요.

I am _____ . 나는 ~해.

1 나는 슬퍼.	→	I am	sad	.
2 나는 화가 나.	→	I am	angry	.
3 나는 미안해.	→	I am	sorry	.
4 나는 신이 나.	→	I am	excited	.
5 나는 걱정돼.	→	I am worried.		

211

Practice & Review 정답

p.42

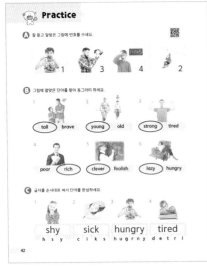

Practice

Ⓐ 잘 듣고 알맞은 그림에 번호를 쓰세요.

1 3 4 2

Ⓑ 그림에 알맞은 단어를 찾아 동그라미 하세요.

1 (tall) brave 2 (young) old 3 (strong) tired
4 poor (rich) 5 (clever) foolish 6 lazy hungry

Ⓒ 글자를 순서대로 써서 단어를 완성하세요.

shy sick hungry tired
h s y   c i k s   h u g r n y   d e t r i

42

p.43

Ⓓ 뜻이 반대되는 단어를 찾아서 쓰세요.

old   rich   clever   poor   foolish   young

old ↔ young
rich ↔ poor
clever ↔ foolish

Ⓔ 빈칸에 알맞은 단어를 써서 문장을 완성하세요.

You are _____ . 너는 ~해

1 너는 키가 커. → You are tall .
2 너는 힘이 세. → You are strong .
3 너는 게을러. → You are lazy .
4 너는 용감해. → You are brave .
5 너는 친절해. → You are kind.

p.44

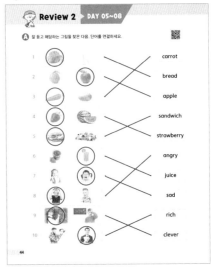

Review 2 DAY 05~08

Ⓐ 잘 듣고 해당하는 그림을 찾은 다음, 단어를 연결하세요.

1 — carrot
2 — bread
3 — apple
4 — sandwich
5 — strawberry
6 — angry
7 — juice
8 — sad
9 — rich
10 — clever

44

p.45

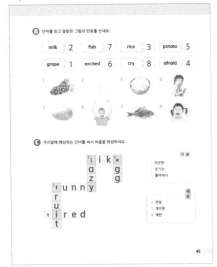

Ⓑ 단어를 읽고 알맞은 그림의 번호를 쓰세요.

milk 2 fish 7 rice 3 potato 5
grape 1 excited 6 cry 8 afraid 4

Ⓒ 우리말에 해당하는 단어를 써서 퍼즐을 완성하세요.

l i k e
a z g g
f u n n y
r u i
t i r e d

가로
피곤한
웃기는
좋아하다

세로
2 과일
3 게으른
4 계란

45

p.46

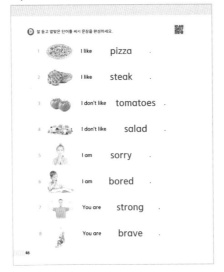

Ⓓ 잘 듣고 알맞은 단어를 써서 문장을 완성하세요.

1 I like pizza .
2 I like steak .
3 I don't like tomatoes .
4 I don't like salad .
5 I am sorry .
6 I am bored .
7 You are strong .
8 You are brave .

46

p.47

Ⓔ 빈칸에 영어 단어 또는 우리말 뜻을 쓰세요.

food	음식	worried	걱정하는
soup	수프	smile	미소 짓다, 웃다
bread	빵	glad	기쁜
butter	버터	feel	느끼다
cheese	치즈	surprised	놀란
hamburger	햄버거	lucky	운이 좋은
meat	고기	tall	키가 큰
ice cream	아이스크림	old	늙은, 오래된
jam	잼	poor	가난한
apple	사과	hungry	배고픈
orange	오렌지	shy	수줍은
banana	바나나	sick	아픈
watermelon	수박	lazy	게으른
vegetable	채소, 야채	young	어린, 젊은
happy	행복한	foolish	어리석은, 바보 같은

47

p.50

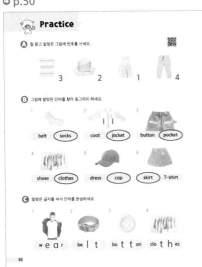

Practice

Ⓐ 잘 듣고 알맞은 그림에 번호를 쓰세요.

3 2 1 4

Ⓑ 그림에 알맞은 단어를 찾아 동그라미 하세요.

1 belt (socks) coat 2 (jacket) button pocket
4 shoes (clothes) dress 5 (cap) skirt T-shirt

Ⓒ 알맞은 글자를 써서 단어를 완성하세요.

1 w e a r 2 be l t 3 bu t t on 4 clo t h es

50

p.51

Ⓓ 각 단어를 해당하는 곳에 쓰세요.

pants a dress a hat shoes a T-shirt a cap

She is wearing ~
a dress
a hat
shoes

She is not wearing ~
pants
a T-shirt
a cap

Ⓔ 빈칸에 알맞은 단어를 써서 문장을 완성하세요.

He is wearing a _____ . 그는 ~를 입고 있어.
She is wearing a _____ . 그녀는 ~를 입고 있어.

1 그는 코트를 입고 있어. → He is wearing a coat .
2 그녀는 치마를 입고 있어. → She is wearing a skirt .
3 그는 재킷을 입고 있어. → He is wearing a jacket .
4 그녀는 신발을 신고 있어. → She is wearing shoes .
5 그는 양말을 신고 있어. → He is wearing socks.

p.54

Practice

Ⓐ 잘 듣고 알맞은 그림에 번호를 쓰세요.

4 2 1 3

Ⓑ 그림에 알맞은 단어를 찾아 동그라미 하세요.

1 (brown) red 2 green (pink) 3 white (black)
4 color (heart) 5 blue (purple) 6 circle (ribbon)

Ⓒ 글자를 순서대로 써서 단어를 완성하세요.

1 gold 2 gray 3 heart 4 circle
d o g l   r g a y   h a r e t   e c r l i c

54

212

● p.55

D 아이들의 옷 색깔에 해당하는 단어를 쓰세요.

red green blue purple yellow brown

green
blue
brown

red
purple
yellow

E 빈칸에 알맞은 단어를 써서 문장을 완성하세요.

A: What color is it? 그건 무슨 색이야?
B: It's ___. 그건 ~색이야.

1	그건 파란색이야. →	It's	blue	.
2	그건 검은색이야. →	It's	black	.
3	그건 흰색이야. →	It's	white	.
4	그건 분홍색이야. →	It's	pink	.
5	그건 회색이야. →	It's gray.		

● p.58

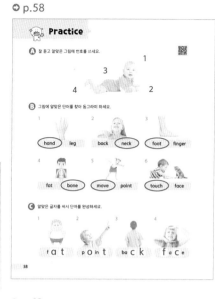

Practice

A 잘 듣고 알맞은 그림에 번호를 쓰세요.

1
3
4   2

B 그림에 알맞은 단어를 찾아 동그라미 하세요.

hand leg   back neck   foot finger

fat bone   move point   touch face

C 알맞은 글자를 써서 단어를 완성하세요.

f a t   p o i n t   ba c k   f a c e

58

● p.59

D 각 신체 부위에 해당하는 단어를 쓰세요.

face
arm
foot
head
leg
hand

head
face
leg

arm
hand
foot

E 빈칸에 알맞은 단어를 써서 문장을 완성하세요.

Move your ___ 너의 ~을 움직여.

1	너의 머리를 움직여. →	Move your	head	.
2	너의 몸을 움직여. →	Move your	body	.
3	너의 손을 움직여. →	Move your	hands	.
4	너의 손가락을 움직여. →	Move your	fingers	.
5	너의 다리를 움직여. →	Move your legs.		

● p.62

Practice

A 잘 듣고 알맞은 그림에 번호를 쓰세요.

1 3 2 4

B 그림에 알맞은 단어를 찾아 동그라미 하세요.

eye ear   big small   lip nose

mouth hair   ugly beautiful   long short

C 글자를 순서대로 써서 단어를 완성하세요.

ear   pretty   tooth   have
a e r   p e tt r y   t o t o h   a h v e

62

● p.63

D 뜻이 반대되는 단어를 찾아서 쓰세요.

big pretty short small long ugly

big	↔	small
pretty	↔	ugly
short	↔	long

E 빈칸에 알맞은 단어를 써서 문장을 완성하세요.

I have a long ___. 나는 ~가 길어.
I have a big ___. 나는 ~가 커.

1	나는 머리가 길어. →	I have long	hair	.
2	나는 눈이 커. →	I have big	eyes	.
3	나는 입이 작아. →	I have a small	mouth	.
4	나는 코가 커. →	I have a	big nose	.
5	나는 머리가 짧아. →	I have short hair.		

● p.64

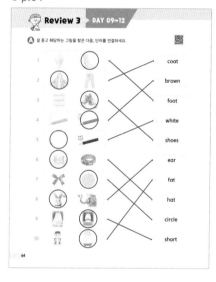

Review 3 ▶ DAY 09~12

A 잘 듣고 해당하는 그림을 찾은 다음, 단어를 연결하세요.

1
2
3
4
5
6
7
8
9
10

coat
brown
foot
white
shoes
ear
fat
hat
circle
short

64

● p.65

B 단어를 읽고 알맞은 그림의 번호를 쓰세요.

| pants | 3 | red | 1 | face | 5 | eye | 7 |
| big | 4 | bone | 2 | socks | 8 | blue | 6 |

1 2 3 4
5 6 7 8

C 우리말에 해당하는 단어를 써서 퍼즐을 완성하세요.

가로
black 1 검은색
belt 3 허리띠, 벨트
button 5 녹색

세로
green 1 머리
2 단추
5 목

h e
b l a c k
b e l t
u
t
n o
g r e e n
c
k

65

● p.66

D 잘 듣고 알맞은 단어를 써서 문장을 완성하세요.

1	He is wearing a	cap
2	She is wearing a	skirt
3	A: What color is it? B: It's	yellow
4	A: What color is it? B: It's	pink
5	Move your	hands
6	Move your	legs
7	I have long	hair
8	I have a big	mouth

66

● p.67

E 빈칸에 영어 단어 또는 우리말 뜻을 쓰세요.

clothes	옷	back	등
jacket	재킷	fat	뚱뚱한
T-shirt	티셔츠	move	움직이다
dress	원피스, 드레스	point	가리키다
pocket	주머니	eye	눈
wear	입다, 착용하다	mouth	입
color	색깔	lip	입술
gray	회색	tooth	이, 이빨
gold	금색	long	긴
purple	보라색	big	큰
ribbon	리본	small	작은
heart	가슴, 하트(모양)	pretty	예쁜
body	몸	beautiful	아름다운
arm	팔	ugly	못생긴
finger	손가락	have	가지고 있다

67

213

Practice & Review 정답

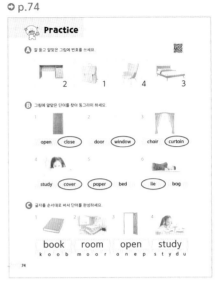

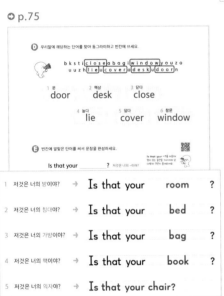

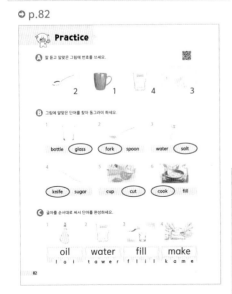

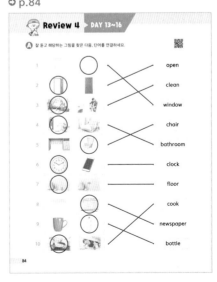

214

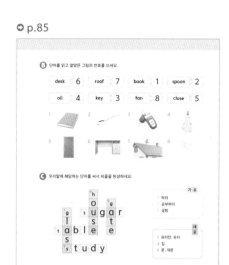

◆ p.85

B 단어를 읽고 알맞은 그림의 번호를 쓰세요.

| desk | 6 | roof | 7 | book | 1 | spoon | 2 |
| oil | 4 | key | 3 | fan | 8 | close | 5 |

C 우리말에 해당하는 단어를 써서 퍼즐을 완성하세요.

가로
1 탁자
2 공부하다
3 설탕

세로
1 유리잔, 유리
2 집
6 문, 대문

```
      h       g
g   s u g a r
l a b l e   e
a l     s
s t u d y
```

◆ p.86

D 잘 듣고 알맞은 단어를 써서 문장을 완성하세요.

1 She is in the kitchen .
2 She is in the living room .
3 Is that your bed ?
4 Is that your bag ?
5 Where is the umbrella ?
6 Where is my phone ?
7 I need a cup .
8 I need some salt .

◆ p.87

E 빈칸에 영어 단어 또는 우리말 뜻을 쓰세요.

home	집	television	텔레비전
kitchen	부엌, 주방	clock	시계
bedroom	침실	call	부르다, 전화하다
basement	지하실	camera	카메라
bell	종, 초인종	wall	벽
enter	들어가다	where	어디
garden	정원	find	찾다, 발견하다
help	돕다	use	사용하다
fix	수리하다	knife	칼
room	방	fill	채우다
curtain	커튼	water	물
door	문	fork	포크
lie	눕다	cut	자르다
cover	덮다, 씌우다	make	만들다
paper	종이	need	필요하다

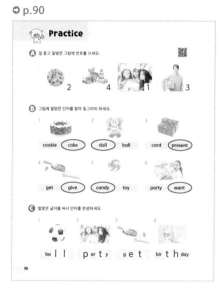

◆ p.90

Practice

A 잘 듣고 알맞은 그림에 번호를 쓰세요.
2 4 1 3

B 그림에 알맞은 단어를 찾아 동그라미 하세요.

1 cookie (cake)
2 doll ball
3 card (present)
4 get (give)
5 (candy) toy
6 party (want)

C 알맞은 글자를 써서 단어를 완성하세요.

1 ba l l
2 p ar ty
3 g e t
4 bir t h day

◆ p.91

D 각 단어를 해당하는 곳에 쓰세요.

robot cookie doll candy ball cake

음식	장난감
cookie	robot
candy	doll
cake	ball

E 빈칸에 알맞은 단어를 써서 문장을 완성하세요.

I want a .

1 나는 케이크를 원해. → I want a cake .
2 나는 선물을 원해. → I want a present .
3 나는 파티를 원해. → I want a party .
4 나는 장난감을 원해. → I want a toy .
5 나는 공을 원해. → I want a ball.

◆ p.94

Practice

A 잘 듣고 알맞은 그림에 번호를 쓰세요.
1 4 2 3

B 그림에 알맞은 단어를 찾아 동그라미 하세요.

1 stand (sit)
2 put (drop)
3 run (walk)
4 go (come)
5 (hang) build
6 (up) down

C 글자를 순서대로 써서 단어를 완성하세요.

1 push
2 come
3 jump
4 carry
s u p h m e c o j p m u r a c r y

◆ p.95

D 우리말에 해당하는 단어를 찾아 동그라미하고 빈칸에 쓰세요.

ran put a cod run hang e pu walk o
ru drop u ho build o hol gup

1 걷다 walk
2 놓다 put
3 떨어뜨리다 drop
4 달리다 run
5 (건물을) 짓다 build
6 매달리다 hang

E 빈칸에 알맞은 단어를 써서 문장을 완성하세요.

Don't , please.

1 달리지 마세요. → Don't run , please.
2 점프하지 마세요. → Don't jump , please.
3 일어서지 마세요. → Don't stand up, please.
4 앉지 마세요. → Don't sit down, please.
5 밀지 마세요. → Don't push, please.

◆ p.98

Practice

A 잘 듣고 알맞은 그림에 번호를 쓰세요.
3 2 4 1

B 그림에 알맞은 단어를 찾아 동그라미 하세요.

1 eat (drink)
2 (see) say
3 smell (taste)
4 (think) say
5 (speak) break
6 (change) hear

C 알맞은 글자를 써서 단어를 완성하세요.

1 pl a y
2 f a ll
3 br e ak
4 te ll

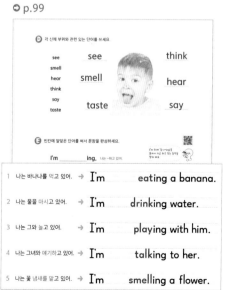

◆ p.99

D 각 신체 부위와 관련 있는 단어를 쓰세요.

see smell hear think say taste

see
smell
hear
think
taste

E 빈칸에 알맞은 단어를 써서 문장을 완성하세요.

I'm ing.

1 나는 바나나를 먹고 있어. → I'm eating a banana.
2 나는 물을 마시고 있어. → I'm drinking water.
3 나는 그와 놀고 있어. → I'm playing with him.
4 나는 그녀와 얘기하고 있어. → I'm talking to her.
5 나는 꽃 냄새를 맡고 있어. → I'm smelling a flower.

➡ p.102

Practice

Ⓐ 잘 듣고 알맞은 그림에 번호를 쓰세요.

4   3   1   2

Ⓑ 그림에 알맞은 단어를 찾아 동그라미 하세요.

1 breakfast (lunch) wash (brush) (get up) sleep

4 hurry (dream) (homework) dinner (late) ready

Ⓒ 글자를 순서대로 써서 단어를 완성하세요.

hurry   ready   dinner   when

r h r y u   r a e y d   d e n i n r   w n e h

102

➡ p.103

Ⓓ 각 단어를 관련 있는 곳에 쓰세요.

dinner   breakfast   wake up   sleep   get up   dream

내일	밤
breakfast	dinner
wake up	sleep
get up	dream

Ⓔ 빈칸에 알맞은 단어를 써서 문장을 완성하세요.

Time to _____
Time for _____

1 잠에서 깰 시간이야. → Time to wake up !
2 점심 식사 시간이야. → Time for lunch !
3 세수할 시간이야. → Time to wash your face!
4 저녁 식사 시간이야. → Time for dinner !
5 양치할 시간이야. → Time to brush your teeth!

➡ p.104

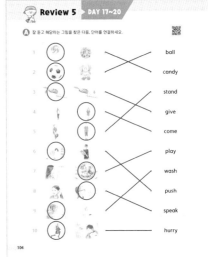

Review 5 DAY 17~20

Ⓐ 잘 듣고 해당하는 그림을 찾은 다음, 단어를 연결하세요.

1   ball
2   candy
3   stand
4   give
5   come
6   play
7   wash
8   push
9   speak
10   hurry

104

➡ p.105

Ⓑ 단어를 읽고 알맞은 그림의 번호를 쓰세요.

sleep 7   toy 1   walk 6   talk 3
card 4   want 5   fall 2   hang 8

Ⓒ 우리말에 해당하는 단어를 써서 퍼즐을 완성하세요.

break
brush
party
smell

110

➡ p.106

Ⓓ 잘 듣고 알맞은 단어를 써서 문장을 완성하세요.

1 I want a cake .
2 I want a present .
3 Don't jump , please.
4 Don't run , please.
5 I'm drink ing milk.
6 I'm eat ing a hamburger.
7 Time to wake up !
8 Time for lunch !

106

➡ p.107

Ⓔ 빈칸에 영어 단어 또는 우리말 뜻을 쓰세요.

birthday	생일	taste	맛보다
doll	인형	think	생각하다
cookie	쿠키	say	(~라고) 말하다
bring	가져오다, 데려오다	tell	말하다, 이야기하다
get	받다, 구하다	hear	듣다
go	가다	get up	(잠자리에서) 일어나다
sit	앉다	wash	씻다
up	위로, 위에	late	늦은, 지각한
down	아래로, 아래에	ready	준비가 된
put	놓다, 두다	breakfast	아침 식사
carry	나르다, 들고 있다	dinner	저녁 식사
drop	떨어뜨리다	do	하다
push	밀다	homework	숙제
build	(건물을) 짓다	dream	꿈을 꾸다
see	보다	when	언제

107

➡ p.110

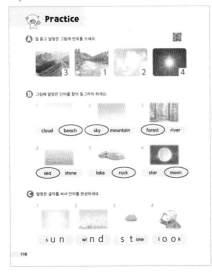

Practice

Ⓐ 잘 듣고 알맞은 그림에 번호를 쓰세요.

3   1   2   4

Ⓑ 그림에 알맞은 단어를 찾아 동그라미 하세요.

1 cloud (beach) sky mountain (forest) river

4 (sea) stone lake (rock) star (moon)

Ⓒ 알맞은 글자를 써서 단어를 완성하세요.

sun   wind   stone   look

s u n   w i n d   s t one   l o o k

110

➡ p.111

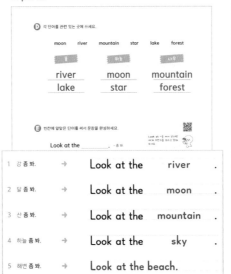

Ⓓ 각 단어를 관련 있는 곳에 쓰세요.

moon   river   mountain   star   lake   forest

땅	하늘	나무
river	moon	mountain
lake	star	forest

Ⓔ 빈칸에 알맞은 단어를 써서 문장을 완성하세요.

Look at the _____

1 강 좀 봐. → Look at the river .
2 달 좀 봐. → Look at the moon .
3 산 좀 봐. → Look at the mountain .
4 하늘 좀 봐. → Look at the sky .
5 해변 좀 봐. → Look at the beach.

➡ p.114

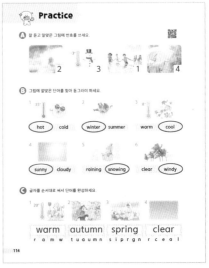

Practice

Ⓐ 잘 듣고 알맞은 그림에 번호를 쓰세요.

2   3   1   4

Ⓑ 그림에 알맞은 단어를 찾아 동그라미 하세요.

1 (hot) cold (winter) summer (warm) (cool)

4 (sunny) cloudy (raining) (snowing) clear (windy)

Ⓒ 글자를 순서대로 써서 단어를 완성하세요.

warm   autumn   spring   clear

r a m w   t u a u m n   s i p r g n   r c e a l

114

216

➡ p.115

그림과 관련 있는 단어를 쓰세요.

summer   winter   cold   sunny   snowing   hot

summer   winter
sunny   cold
hot   snowing

빈칸에 알맞은 단어를 써서 문장을 완성하세요.

A: How's the weather?
B: It's ___.

1 시원해. →	It's	cool	.
2 구름이 꼈어. →	It's	cloudy	.
3 바람이 불어. →	It's	windy	.
4 비가 오고 있어. →	It's	raining	.
5 눈이 오고 있어. →	It's snowing.	

➡ p.118

Practice

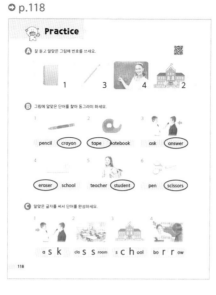

A 잘 듣고 알맞은 그림의 번호를 쓰세요.

1   3   4   2

B 그림에 알맞은 단어를 찾아 동그라미 하세요.

pencil   (crayon)   (tape)   notebook   (ask)   (answer)

(eraser)   school   teacher   (student)   pen   (scissors)

C 알맞은 글자를 써서 단어를 완성하세요.

a s k   cla s s room   s c h ool   bo r r ow

118

➡ p.119

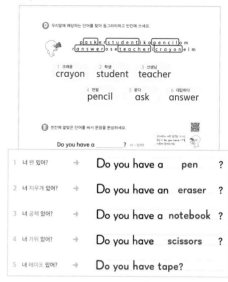

우리말에 해당하는 단어를 찾아 동그라미하고 빈칸에 쓰세요.

p a s k e | s t u d e n t | i k a | p e n c i l | l o m
r | a n s w e r | o s e | t e a c h e r | i | c r a y o n | e l m

1 크레용	2 학생	3 선생님
crayon	student	teacher
4 연필	5 묻다	6 대답하다
pencil	ask	answer

빈칸에 알맞은 단어를 써서 문장을 완성하세요.

Do you have a ___ ? 너 ~ 있어?

1 너 펜 있어? →	Do you have a	pen	?
2 너 지우개 있어? →	Do you have an	eraser	?
3 너 공책 있어? →	Do you have a	notebook	?
4 너 가위 있어? →	Do you have	scissors	?
5 너 테이프 있어? →	Do you have tape?	

➡ p.122

Practice

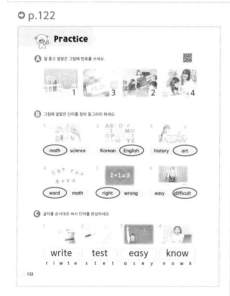

A 잘 듣고 알맞은 그림의 번호를 쓰세요.

1   3   2   4

B 그림에 알맞은 단어를 찾아 동그라미 하세요.

(math)   science   Korean   (English)   history   (art)

(word)   math   (right)   wrong   easy   (difficult)

C 글자를 순서대로 써서 단어를 완성하세요.

| write | test | easy | know |
| r i w t e | s t e t | a s e y | n o w k |

122

➡ p.123

우리말에 해당하는 단어를 찾아 동그라미하고 빈칸에 쓰세요.

t e s | r i g h t | o p e | w r i t e | u n i t e | w r o n g | o
i t e | d i f f i c u l t | r i t e | K o r e a n | l e a r n | i t

1 틀린	2 맞은	3 배우다
wrong	right	learn
4 쓰다	5 한국어	6 어려운
write	Korean	difficult

빈칸에 알맞은 단어를 써서 문장을 완성하세요.

Do you like ___ ? 너는 ~를 좋아하니?

1 너는 미술을 좋아하니? →	Do you like	art	?
2 너는 영어를 좋아하니? →	Do you like	English	?
3 너는 수학을 좋아하니? →	Do you like	math	?
4 너는 역사를 좋아하니? →	Do you like	history	?
5 너는 과학을 좋아하니? →	Do you like science?	

➡ p.124

Review 6 ▶ DAY 21~24

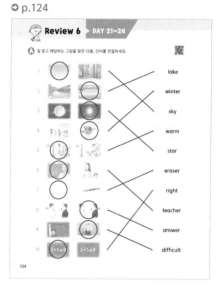

A 잘 듣고 해당하는 그림을 찾은 다음, 단어를 연결하세요.

1 ── lake
2 ── winter
3 ── sky
4 ── warm
5 ── star
6 ── eraser
7 ── right
8 ── teacher
9 ── answer
10 ── difficult

124

➡ p.125

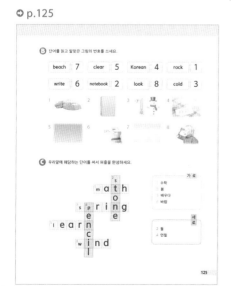

B 단어를 읽고 알맞은 그림의 번호를 쓰세요.

| beach | 7 | clear | 5 | Korean | 4 | rock | 1 |
| write | 6 | notebook | 2 | look | 8 | cold | 3 |

C 우리말에 해당하는 단어를 써서 퍼즐을 완성하세요.

가로
수학
봄
배우다
바람

세로
2 돌
3 연필

s
m a t h
t
p r i n g
e
l e a r n
c
i
w i n d
l

125

➡ p.126

D 잘 듣고 알맞은 단어를 써서 문장을 완성하세요.

1	Look at the	river	.
2	Look at the	mountain	.
3	A: How's the weather? B: It's	cloudy	.
4	A: How's the weather? B: It's	snowing	.
5	Do you have a	pen	?
6	Do you have	scissors	?
7	Do you like	science	?
8	Do you like	English	?

126

➡ p.127

E 빈칸에 영어 단어 또는 우리말 뜻을 쓰세요.

sea	바다	classroom	교실
forest	숲	crayon	크레용
stone	돌	pencil case	필통
sun	해, 태양	tape	테이프
cloud	구름	notebook	공책
wind	바람	borrow	빌리다
moon	달	student	학생
summer	여름	ask	묻다
autumn	가을	art	미술
hot	더운, 뜨거운	history	역사
cool	시원한	word	단어
sunny	화창한	test	시험
windy	바람이 부는	wrong	틀린, 잘못된
raining	비가 오는	know	알다
school	학교	easy	쉬운

127

217

Practice & Review 정답

⊙ p.130

Practice

A 잘 듣고 알맞은 그림에 번호를 쓰세요.

2   4   3   1

B 그림에 알맞은 단어를 찾아 동그라미 하세요.

1 heavy (light)   2 (soft) hard   3 new (old)

4 dry (wet)   5 slow (fast)   6 (dark) bright

C 알맞은 글자를 써서 단어를 완성하세요.

d r y   s l ow   n e w   f u l l

130

⊙ p.131

D 뜻이 반대되는 단어를 찾아서 쓰세요.

wet   light   low   bright   hard   slow

fast ↔ slow   high ↔ low

heavy ↔ light   dry ↔ wet

soft ↔ hard   dark ↔ bright

E 빈칸에 알맞은 단어를 써서 문장을 완성하세요.

It's very _____.

1	그것은 아주 무거워. →	It's very heavy .
2	그것은 아주 빨라. →	It's very fast .
3	그것은 아주 높아. →	It's very high .
4	그것은 아주 낡았어. →	It's very old .
5	그것은 아주 부드러워. →	It's very soft.

⊙ p.134

Practice

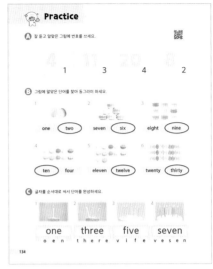

A 잘 듣고 알맞은 그림에 번호를 쓰세요.

1   3   4   2

B 그림에 알맞은 단어를 찾아 동그라미 하세요.

1 one (two)   2 seven (six)   3 eight (nine)

4 ten four   5 eleven (twelve)   6 twenty (thirty)

C 글자를 순서대로 써서 단어를 완성하세요.

one   three   five   seven

o e n   t h e r e   v i f e   v e s e n

134

⊙ p.135

D 계산 결과에 해당하는 단어를 쓰세요.

six   four   eight   thirty   twelve   thirteen

one + three = four   two + six = eight

four + two = six   three + nine = twelve

eight + five = thirteen   ten + twenty = thirty

E 빈칸에 알맞은 단어를 써서 문장을 완성하세요.

I am _____ years old.

1	나는 일곱 살이야. →	I am seven years old.
2	나는 여덟 살이야. →	I am eight years old.
3	나는 아홉 살이야. →	I am nine years old.
4	나는 열 살이야. →	I am ten years old.
5	나는 열한 살이야. →	I am eleven years old.

⊙ p.138

Practice

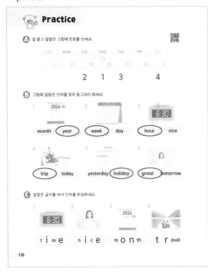

A 잘 듣고 알맞은 그림에 번호를 쓰세요.

2   1   3   4

B 그림에 알맞은 단어를 찾아 동그라미 하세요.

1 month (year)   2 (week) day   3 (hour) nice

4 (trip) today   5 yesterday (holiday)   6 (great) tomorrow

C 알맞은 글자를 써서 단어를 완성하세요.

t i m e   n i c e   m o n th   t r avel

138

⊙ p.139

D 주어진 조건대로 단어를 나열하세요.

week   day   year   month

hour → day → week → month → year

today   yesterday   tomorrow

yesterday → today → tomorrow

E 빈칸에 알맞은 단어를 써서 문장을 완성하세요.

Have a nice _____. 좋은 ~ 보내

Have a great _____. 좋은 ~ 보내

1	좋은 시간 보내! →	Have a nice time !
2	좋은 한 주 보내! →	Have a great week !
3	좋은 여행 되길! →	Have a nice trip !
4	주말 잘 보내! →	Have a great weekend !
5	휴일 잘 보내! →	Have a nice holiday !

⊙ p.142

Practice

A 잘 듣고 알맞은 그림에 번호를 쓰세요.

1   4   2   3

B 그림에 알맞은 단어를 찾아 동그라미 하세요.

1 bank (library)   2 (hospital) park   3 bakery (theater)

4 town (country)   5 church (post office)   6 (restaurant) restroom

C 알맞은 글자를 써서 단어를 완성하세요.

p a r k   c i t y   ch u r ch   la r g e

142

⊙ p.143

D 우리말에 해당하는 단어를 찾아 동그라미하고 빈칸에 쓰세요.

par library chur bakery oban city
restroom e country i theater eo

1 빵집   2 시골   3 도서관
bakery   country   library

4 극장   5 도시   6 화장실
theater   city   restroom

E 빈칸에 알맞은 단어를 써서 문장을 완성하세요.

I'm going to the _____.

1	나는 병원에 가고 있어. →	I'm going to the hospital .
2	나는 은행에 가고 있어. →	I'm going to the bank .
3	나는 공원에 가고 있어. →	I'm going to the park .
4	나는 우체국에 가고 있어. →	I'm going to the post office.
5	나는 식당에 가고 있어. →	I'm going to the restaurant.

⊙ p.144

Review 7 ▶ DAY 25~28

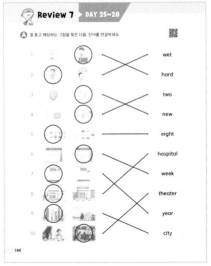

A 잘 듣고 해당하는 그림을 찾은 다음, 단어를 연결하세요.

1   wet
2   hard
3   two
4   new
5   eight
6   hospital
7   week
8   theater
9   year
10   city

⟳ p.145

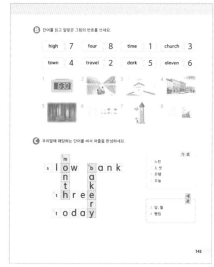

B 단어를 읽고 알맞은 그림의 번호를 쓰세요.

| high | 7 | four | 8 | time | 1 | church | 3 |
| town | 4 | travel | 2 | dark | 5 | eleven | 6 |

C 우리말에 해당하는 단어를 써서 퍼즐을 완성하세요.

가로
- s l o w
- b a n k
- 느린 3. 셋 은행 오늘
- t h r e e
- t o d a y

세로
- m o n t
- b a k e r
- 2 달, 월 4 빵집

⟳ p.146

D 잘 듣고 알맞은 단어를 써서 문장을 완성하세요.

1 It's very **heavy** .
2 It's very **fast** .
3 I am **five** years old.
4 I am **seven** years old.
5 Have a nice **weekend** !
6 Have a nice **trip** !
7 I'm going to the **library** .
8 I'm going to the **park** .

⟳ p.147

E 빈칸에 영어 단어 또는 우리말 뜻을 쓰세요.

light	가벼운	day	하루, 낮
dry	마른	hour	1시간, 시간
soft	부드러운	tomorrow	내일
low	낮은	yesterday	어제
bright	밝은	holiday	휴일, 휴가
full	꽉 찬, 배부른	nice	좋은
old	오래된, 낡은	great	정말 좋은
one	1, 하나	police station	경찰서
six	6, 여섯	hospital	병원
nine	9, 아홉	large	큰, 넓은
ten	10, 열	restaurant	식당
twelve	12, 열둘	restroom	화장실
thirteen	13, 열셋	post office	우체국
twenty	20, 스물	city	도시
thirty	30, 서른	country	시골

⟳ p.150

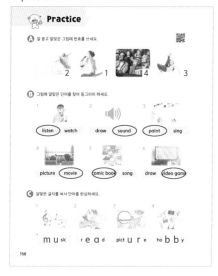

Practice

A 잘 듣고 알맞은 그림에 번호를 쓰세요.

2 1 4 3

B 그림에 알맞은 단어를 찾아 동그라미 하세요.

(listen) watch draw (sound) (paint) sing
picture (movie) (comic book) song draw (video game)

C 알맞은 글자를 써서 단어를 완성하세요.

m u sic   r e a d   pict u re   ho b b y

⟳ p.151

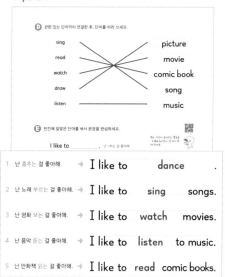

D 관련 있는 단어끼리 연결한 후, 단어를 따라 쓰세요.

sing — picture
read — movie
watch — comic book
draw — song
listen — music

E 빈칸에 알맞은 단어를 써서 문장을 완성하세요.

I like to _____ .

1 난 춤추는 걸 좋아해. → I like to **dance** .
2 난 노래 부르는 걸 좋아해. → I like to **sing** **songs**.
3 난 영화 보는 걸 좋아해. → I like to **watch** **movies**.
4 난 음악 듣는 걸 좋아해. → I like to **listen** **to music**.
5 난 만화책 읽는 걸 좋아해. → I like to **read** **comic books**.

⟳ p.154

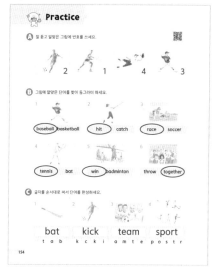

Practice

A 잘 듣고 알맞은 그림에 번호를 쓰세요.

2 1 4 3

B 그림에 알맞은 단어를 찾아 동그라미 하세요.

(baseball) basketball (hit) catch (race) soccer
(tennis) bat (win) badminton throw (together)

C 글자를 순서대로 써서 단어를 완성하세요.

bat   kick   team   sport
t a b   k c k i   a m t e   p o s t r

⟳ p.155

D 우리말에 해당하는 단어를 찾아 동그라미하고 빈칸에 쓰세요.

r a k i w i n e t h r a c e o c a t c h u n
i t o g e t h e r t e a l a c e t h r o w r h i t e a

1 치다 hit 2 이기다 win 3 경주 race
4 던지다 throw 5 함께 together 6 잡다 catch

E 빈칸에 알맞은 단어를 써서 문장을 완성하세요.

Let's play _____ .

1 우리 야구하자. → Let's play **baseball** .
2 우리 축구하자. → Let's play **soccer** .
3 우리 농구하자. → Let's play **basketball** .
4 우리 테니스 치자. → Let's play **tennis** .
5 우리 배드민턴 치자. → Let's play **badminton** .

⟳ p.158

Practice

A 잘 듣고 알맞은 그림에 번호를 쓰세요.

2 3 1 4

B 그림에 알맞은 단어를 찾아 동그라미 하세요.

violin (piano) drum (guitar) ski skate
(ride) tent fire (camp) burn hunt

C 알맞은 글자를 써서 단어를 완성하세요.

hi k e   s w i m   b i k e   h u n t

⟳ p.159

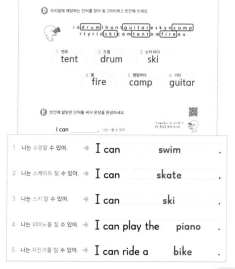

D 우리말에 해당하는 단어를 찾아 동그라미하고 빈칸에 쓰세요.

i o d r u m i h u n t g u i t a r e s k y n c a m p
r t y r i d s k i c a m t e n t o m f i r e a u

1 텐트 tent 2 드럼 drum 3 스키 타다 ski
4 불 fire 5 캠핑하다 camp 6 기타 guitar

E 빈칸에 알맞은 단어를 써서 문장을 완성하세요.

I can _____ .

1 나는 수영할 수 있어. → I can **swim** .
2 나는 스케이트 탈 수 있어. → I can **skate** .
3 나는 스키 탈 수 있어. → I can **ski** .
4 나는 피아노를 칠 수 있어. → I can play the **piano** .
5 나는 자전거를 탈 수 있어. → I can ride a **bike** .

219

Practice & Review 정답

p.162

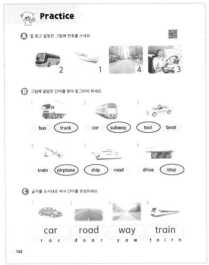

Practice

A 잘 듣고 알맞은 그림에 번호를 쓰세요.
2 1 4 3

B 그림에 알맞은 단어를 찾아 동그라미 하세요.
1. bus (truck) car
2. subway (taxi) boat
3. train (airplane) (ship) road
4. drive (stop)

C 글자를 순서대로 써서 단어를 완성하세요.
1. car — r a c
2. road — d o a r
3. way — y a w
4. train — t a i r n

162

p.163

D 각 단어와 관련 있는 곳에 쓰세요.
boat bus airplane ship taxi

땅	바다	하늘
bus	boat	airplane
taxi	ship	

E 빈칸에 알맞은 단어를 써서 문장을 완성하세요.
Let's take a _____

1. 우리 택시를 타자. → Let's take a **taxi**.
2. 우리 지하철을 타자. → Let's take the **subway**.
3. 우리 버스를 타자. → Let's take a **bus**.
4. 우리 비행기를 타자. → Let's take an **airplane**.
5. 우리 기차를 타자. → Let's take a **train**.

p.164

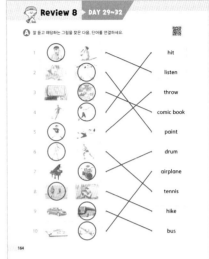

Review 8 DAY 29~32

A 잘 듣고 해당하는 그림을 찾은 다음, 단어를 연결하세요.

1 ~ 10

hit
listen
throw
comic book
paint
drum
airplane
tennis
hike
bus

164

p.165

B 단어를 읽고 알맞은 그림의 번호를 쓰세요.
bat 6   read 5   sing 3   bike 1
road 8   train 2   fire 4   picture 7

C 우리말에 해당하는 단어를 써서 퍼즐을 완성하세요.

subway
music
dance
truck
tent
catch

165

p.166

D 잘 듣고 알맞은 단어를 써서 문장을 완성하세요.
1. I like to **watch** movies.
2. I like to **draw** pictures.
3. Let's play **soccer**.
4. Let's play **basketball**.
5. I can **swim**.
6. I can play the **violin**.
7. Let's take a **boat**.
8. Let's take a **taxi**.

166

p.167

E 빈칸에 영어 단어 또는 우리말 뜻을 쓰세요.

sound	소리	skate	스케이트 타다
sing	노래하다	ski	스키 타다
watch	보다	ride	타다
video game	비디오 게임	camp	캠핑하다
hobby	취미	burn	타다
sport	스포츠	hunt	사냥하다
hit	치다, 때리다	car	자동차
kick	(발로) 차다	taxi	택시
badminton	배드민턴	train	기차
team	팀, 단체	ship	배
together	함께	drive	운전하다
race	경주, 달리기 시합	stop	멈추다
win	이기다	way	길
piano	피아노	street	거리, 도로
guitar	기타	take	(교통수단을) 타다

167

p.170

Practice

A 잘 듣고 알맞은 그림에 번호를 쓰세요.
2 1 4 3

B 그림에 알맞은 단어를 찾아 동그라미 하세요.
1. in (out)
2. in front of (behind)
3. above (between)
4. top (middle)
5. (next to) around
6. on (bottom)

C 알맞은 글자를 써서 단어를 완성하세요.
1. b o x
2. t o p
3. a b ove
4. ar O u nd

170

p.171

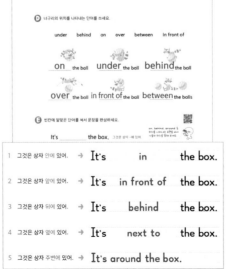

D 너구리의 위치를 나타내는 단어를 쓰세요.
under behind on over between in front of

on the ball   **under** the ball   **behind** the ball
over the ball   **in front of** the ball   **between** the balls

E 빈칸에 알맞은 단어를 써서 문장을 완성하세요.
It's _____ the box.

1. 그것은 상자 안에 있어. → It's **in** the box.
2. 그것은 상자 앞에 있어. → It's **in front of** the box.
3. 그것은 상자 뒤에 있어. → It's **behind** the box.
4. 그것은 상자 옆에 있어. → It's **next to** the box.
5. 그것은 상자 주변에 있어. → It's **around** the box.

p.174

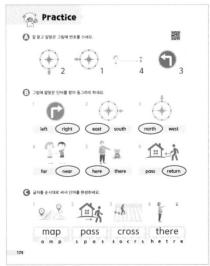

Practice

A 잘 듣고 알맞은 그림에 번호를 쓰세요.
2 1 4 3

B 그림에 알맞은 단어를 찾아 동그라미 하세요.
1. left (right) east south (north) west
2. far (near) (here) there pass (return)

C 글자를 순서대로 써서 단어를 완성하세요.
1. map — a m p
2. pass — s p a s
3. cross — s o c r s
4. there — h e t r e

174

p.175

우리말에 해당하는 단어를 찾아 동그라미하고 빈칸에 쓰세요.

pat **here** ks t **far** or **east** north e er **pass** or et **near** a **turn** **nurse** map

1 멀리	2 가까이	3 여기에
far	near	here

4 돌다	5 지나가다	6 동쪽
turn	pass	east

빈칸에 알맞은 단어를 써서 문장을 완성하세요.

Go ____ -으로 가.
Turn ____ -으로 돌아.

1 북쪽으로 가.	→	Go **north** .
2 남쪽으로 가.	→	Go **south** .
3 서쪽으로 가.	→	Go **west** .
4 오른쪽으로 돌아.	→	Turn **right** .
5 왼쪽으로 돌아.	→	Turn left .

p.178

Practice

A 잘 듣고 알맞은 그림에 번호를 쓰세요.

1 3 2 4

B 그림에 알맞은 단어를 찾아 동그라미 하세요.

1 **man** woman 2 boy **girl** 3 **lady** gentleman
4 **kid** baby 5 **child** adult 6 **couple** **people**

C 알맞은 글자를 써서 단어를 완성하세요.

1 ch **ild** 2 **li** t t le 3 c o u **ple** 4 wh o

178

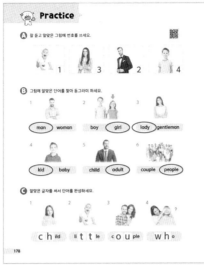

p.179

D 각 단어를 해당하는 곳에 쓰세요.

boy man lady woman gentleman girl

lady	boy	man
(여자)		(남자)
woman	girl	gentleman

E 빈칸에 알맞은 단어를 써서 문장을 완성하세요.

Who is the ____ ?

1 저 아기는 누구야?	→	Who is the **baby** ?
2 저 남자는 누구야?	→	Who is the **man** ?
3 저 여자는 누구야?	→	Who is the **woman** ?
4 저 여자아이는 누구야?	→	Who is the **girl** ?
5 저 남자아이는 누구야?	→	Who is the boy ?

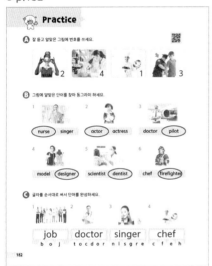

p.182

Practice

A 잘 듣고 알맞은 그림에 번호를 쓰세요.

2 4 1 3

B 그림에 알맞은 단어를 찾아 동그라미 하세요.

1 nurse singer 2 **actor** actress 3 doctor **pilot**
4 model **designer** 5 scientist **dentist** 6 chef **firefighter**

C 글자를 순서대로 써서 단어를 완성하세요.

1 job 2 doctor 3 singer 4 chef
b o j t o c d o r n i s g r e c f e h

182

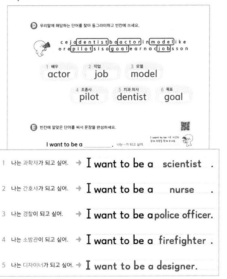

p.183

D 우리말에 해당하는 단어를 찾아 동그라미하고 빈칸에 쓰세요.

c e j o **dentist** b o **actor** i n **model** l i k e o r e **pilot** s i s o **goal** e a r n a d **job** s s o n

1 배우	2 직업	3 모델
actor	job	model

4 조종사	5 치과 의사	6 목표
pilot	dentist	goal

E 빈칸에 알맞은 단어를 써서 문장을 완성하세요.

I want to be a ____ . 나는 ~가 되고 싶어.

1 나는 과학자가 되고 싶어.	→	I want to be a **scientist** .
2 나는 간호사가 되고 싶어.	→	I want to be a **nurse** .
3 나는 경찰이 되고 싶어.	→	I want to be a **police officer** .
4 나는 소방관이 되고 싶어.	→	I want to be a **firefighter** .
5 나는 디자이너가 되고 싶어.	→	I want to be a **designer** .

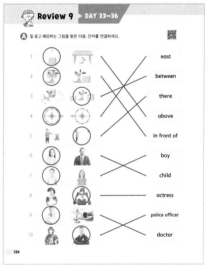

p.184

Review 9 DAY 33~36

A 잘 듣고 해당하는 그림을 찾은 다음, 단어를 연결하세요.

1 2 3 4 5 6 7 8 9 10

east
between
there
above
in front of
boy
child
actress
police officer
doctor

184

p.185

B 단어를 읽고 알맞은 그림의 번호를 쓰세요.

map 3 top 6 west 5 baby 1
dentist 4 scientist 8 chef 2 around 7

C 우리말에 해당하는 단어를 써서 퍼즐을 완성하세요.

s o u t h
p e o p l e
p i l o t
c r o s s

가로
1 남쪽
2 사람들
3 건너다

세로
1 맨 아래
3 조종사
4 가까이, 가까운

185

p.186

D 잘 듣고 알맞은 단어를 써서 문장을 완성하세요.

1	It's **in** the box.
2	It's **behind** the box.
3	Go **north** .
4	Turn **right** .
5	Who is the **man** ?
6	Who is the **girl** ?
7	I want to be a **singer** .
8	I want to be a **designer** .

186

p.187

E 빈칸에 영어 단어 또는 우리말 뜻을 쓰세요.

out	~ 밖에, ~ 밖으로	kid	아이
on	~ 위에	woman	(성인) 여자
under	~ 아래에	adult	어른
over	~ 위에, ~ 위로	gentleman	신사
next to	~ 옆에	couple	커플, 부부
middle	중앙, 가운데	who	누구, 누가
bottom	맨 아래	why	왜
box	상자	actress	여배우
left	왼쪽(으로)	nurse	간호사
turn	돌다	firefighter	소방관
pass	지나가다, 통과하다	model	모델
return	돌아오다	designer	디자이너
far	멀리	dentist	치과 의사
here	여기에	job	직업
little	작은, 어린	goal	목표

187

221

➡ p.190

Practice

A 잘 듣고 알맞은 그림에 번호를 쓰세요.

3   2   4   1

B 그림에 알맞은 단어를 찾아 동그라미 하세요.

1 (market) money   2 (buy) line   3 free (cheap)

4 show (pay)   5 wait (choose)   6 save (shopping)

C 알맞은 글자를 써서 단어를 완성하세요.

1 sh**o**w   2 l**i**ne   3 m**on**ey   4 f**r**ee

190

➡ p.191

D 우리말에 해당하는 단어를 찾아 동그라미하고 빈칸에 쓰세요.

e c h o o s e a t p a y i s a f e a s e l a s t o r e
m o n a m a r k e t o c h e a p r s a v e c o

1 가게   2 시장   3 선택하다
store   market   choose

4 (값이) 싼   5 저축하다   6 지불하다
cheap   save   pay

E 빈칸에 알맞은 단어를 써서 문장을 완성하세요.

I will ____ 나는 ~할 거야.

1 나는 그것을 팔 거야. → I will **sell** it.
2 나는 그것을 살 거야. → I will **buy** it.
3 나는 그것을 먹어 볼래. (시도해 볼래.) → I will **try** it.
4 나는 여기서 기다릴게. → I will **wait** here.
5 내가 너에게 보여 줄게. → I will **show** you.

➡ p.194

Practice

A 잘 듣고 알맞은 그림에 번호를 쓰세요.

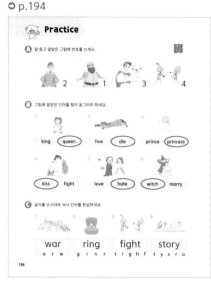

2   1   3   4

B 그림에 알맞은 단어를 찾아 동그라미 하세요.

1 king (queen)   2 live die   3 prince (princess)

4 kiss fight   5 love (hate)   6 (witch) marry

C 글자를 순서대로 써서 단어를 완성하세요.

1 war   2 ring   3 fight   4 story
a r w   g i n r   t l g h f   t y s r o

194

➡ p.195

D 뜻이 반대되는 단어를 찾아서 쓰세요.

live   queen   love   princess   die   hate

king ⟷ **queen**   prince ⟷ **princess**

live ⟷ **die**   **love** ⟷ **hate**

E 빈칸에 알맞은 단어를 써서 문장을 완성하세요.

The ____ was happy. ~는 행복했어요.
The ____ was sad. ~는 슬펐어요.

1 왕비는 행복했어요. → The **queen** was happy.
2 왕은 슬펐어요. → The **king** was sad.
3 마녀는 행복했어요. → The **witch** was happy.
4 왕자는 슬펐어요. → The **prince** was sad.
5 공주는 행복했어요. → The **princess** was happy.

➡ p.198

Practice

A 잘 듣고 알맞은 그림에 번호를 쓰세요.

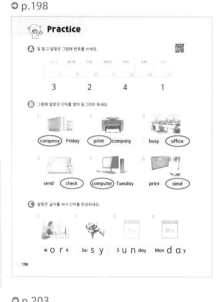

3   2   4   1

B 그림에 알맞은 단어를 찾아 동그라미 하세요.

1 (company) Friday   2 print (company)   3 busy (office)

4 send (check)   5 (computer) Tuesday   6 print (send)

C 알맞은 글자를 써서 단어를 완성하세요.

1 w**or**k   2 bu**s**y   3 **sun**day   4 Mon**d**a**y**

198

➡ p.199

D 우리말에 해당하는 단어를 찾아 동그라미하고 빈칸에 쓰세요.

f e s e n d o n c o m p u t e r i n c o m p a n y o
u p r i n t o n e c h e c k p a o f f i c e a v e

1 회사   2 컴퓨터   3 사무실
company   computer   office

4 보내다   5 확인하다   6 인쇄하다
send   check   print

E 빈칸에 알맞은 단어를 써서 문장을 완성하세요.

A: What day is it today? 오늘 무슨 요일이야?
B: It's ____. ~요일이야.

1 금요일이야. → It's **Friday**.
2 화요일이야. → It's **Tuesday**.
3 목요일이야. → It's **Thursday**.
4 토요일이야. → It's **Saturday**.
5 수요일이야. → It's **Wednesday**.

➡ p.202

Practice

A 잘 듣고 알맞은 그림에 번호를 쓰세요.

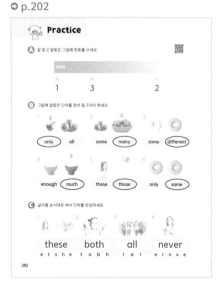

1   3   2

B 그림에 알맞은 단어를 찾아 동그라미 하세요.

1 only (all)   2 some (many)   3 same (different)

4 enough (much)   5 these (those)   6 only (same)

C 글자를 순서대로 써서 단어를 완성하세요.

1 these   2 both   3 all   4 never
e t s h e   t o b h   l a l   e r n v e

202

➡ p.203

D 우리말에 해당하는 단어를 찾아 동그라미하고 빈칸에 쓰세요.

o n e v e r y m a b o a l w a y s h e t h e s e n e
v e o f t e n o d i f f e r e n t i t h o s e m a

1 이것들   2 종종, 자주   3 항상
these   often   always

4 다른   5 모든   6 저것들
different   every   those

E 빈칸에 알맞은 단어를 써서 문장을 완성하세요.

There are ____ apples. 사과가 ~ 있어.
These/Those are ____. 이것들/저것들은 ~해.

1 사과가 조금 있어. → There are **some** apples.
2 사과가 충분히 있어. → There are **enough** apples.
3 사과가 많이 있어. → There are **many** apples.
4 이것들은 똑같아. → These are the **same**.
5 저것들은 달라. → Those are **different**.

➡ p.204

Review 10 ▶ DAY 37~40

A 잘 듣고 해당하는 그림을 찾은 다음, 단어를 연결하세요.

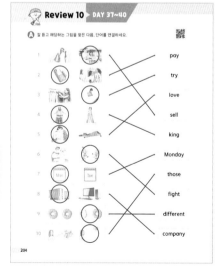

pay
try
love
sell
king
Monday
those
fight
different
company

● p.205

B 단어를 읽고 알맞은 그림의 번호를 쓰세요.

| witch | 3 | ring | 1 | busy | 8 | save | 5 |
| only | 2 | store | 4 | office | 6 | princess | 7 |

C 우리말에 해당하는 단어를 써서 퍼즐을 완성하세요.

가로
· 시장
· 종종, 자주

세로
1 결혼하다
2 이야기
3 돈
5 보내다

```
    s   m       s
s t o  f t e n
  o a  n    n
m a r k e t  d
  r   e
  r   y
  y
```

205

● p.206

D 잘 듣고 알맞은 단어를 써서 문장을 완성하세요.

1 I will **buy** it.
2 I will **wait** here.
3 The **prince** was happy.
4 The **queen** was happy.
5 It's **Friday** .
6 It's **Sunday** .
7 There are **some** apples.
8 There are **many** apples.

206

● p.207

E 빈칸에 영어 단어 또는 우리말 뜻을 쓰세요.

money	돈	Thursday	목요일
line	줄	Saturday	토요일
shopping	쇼핑	work	일하다
show	보여 주다	computer	컴퓨터
choose	선택하다, 고르다	print	인쇄하다
cheap	(값이) 싼	check	확인하다
free	무료의, 자유로운	only	유일한, 단 하나의
hate	미워하다, 싫어하다	much	(양이) 많은
kiss	키스하다	enough	충분한
live	살다	both	둘 다
ring	반지	same	같은
die	죽다	these	이것들
war	전쟁	all	모든
Tuesday	화요일	always	항상
Wednesday	수요일	never	결코 ~않다

207

우리 아이 중국어 첫걸음
맛있는스쿨의 쉽고, 재미있는
강의와 함께 시작하세요!

◀ 맛있는스쿨
바로 가기

맛있는 스쿨 ▶

쉽GO! 신나GO!
재미있GO!

New 맛있는 어린이 중국어

- 🌱 유아부터 초등까지 맞춤형 강의
- 🌱 전 레벨 12개월 & 24개월 무한 수강
- 🌱 중국어 첫걸음부터 HSK 대비까지
- 🌱 하루 15분씩! 부담스럽지 않은 학습 분량
- 🌱 워크북 문제 풀이로 자기 주도 학습 완성
- 🌱 놀이, 챈트, 노래와 함께하는 **재미있는 학습**

맛있는 어린이 중국어 강의 수강 혜택

10% COUPON					
신규 등록 시 **10% 할인**	워크북 문제 풀이 강의 제공	확인 학습지 PDF 제공	화상 중국어 30분 체험 제공	발음 · HSK 강의 추가 제공	전문 강사의 **유선 학습 점검**

어린이 중국어 & 단과 인강 할인 쿠폰

20% 할인

할인 코드   engwords_20

할인 쿠폰 사용 안내

1. 맛있는스쿨(cyberjrc.com) 접속 → [회원가입] 및 [로그인]
2. 메뉴 中 [쿠폰] → [쿠폰 등록하기]란에 쿠폰번호 입력
3. [어린이 중국어] 단과 강의 또는 기타 [단과] 수강 시 [온라인 쿠폰 적용하기]를 클릭하여 쿠폰 사용
4. 결제 후, [나의 강의실]에서 강의 수강 가능

쿠폰 사용 시 유의 사항

1. 본 쿠폰은 맛있는스쿨 단과 강좌 결제 시에만 사용이 가능합니다.
2. 본 쿠폰은 타 쿠폰과 중복 할인이 되지 않습니다.
3. 교재 환불 시 쿠폰 사용이 불가합니다.
4. 쿠폰 발급 후 60일 내로 사용이 가능합니다.
5. 본 쿠폰의 할인 코드는 1회만 사용이 가능합니다.

*쿠폰 사용 문의 : 카카오톡 채널 @맛있는스쿨